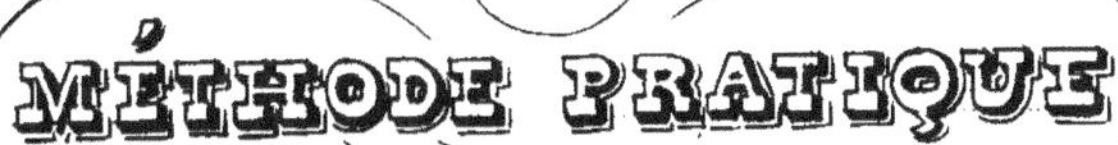

MÉTHODE PRATIQUE

de chant d'ensemble,

à l'usage des Athénées, des Écoles moyennes, des Écoles primaires

et des cours populaires,

PAR

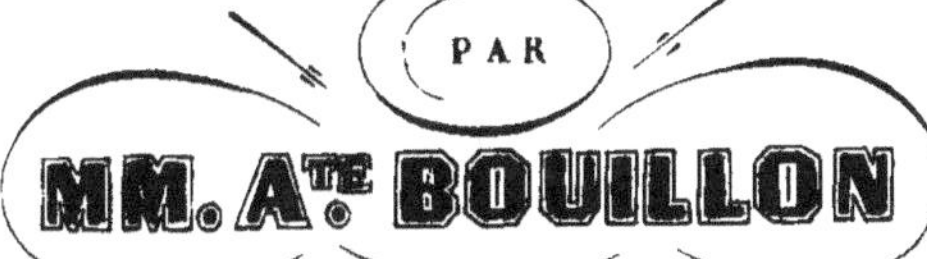

MM. A^te BOUILLON

Inspecteur de l'enseignement de la musique vocale dans les écoles primaires de la ville de

Bruxelles, et Directeur de l'école populaire de chant d'ensemble de Bruxelles, etc.

ET

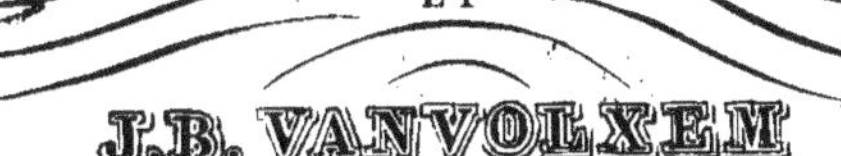

J.B. VANVOLXEM

Professeur de musique à l'athénée de Bruxelles,   à l'école populaire de chant d'ensemble,

et au conservatoire.

A BRUXELLES

chez les Auteurs, et chez tous les M^ds de Musique.

Déposé le 21 Avril 1855.

Paraîtront incessamment, pour faire suite à la Méthode pratique de chant d'ensemble.

1º. Recueil de Canons à plusieurs voix.

2º. Recueil de Chants à **2** voix.

3º. Idem _ _ _ à **3** voix.

4º. Idem _ _ _ à 4 voix.

Paroles de M.r Charles ANDRÉ.

THÉORIE.

* * *

DES NOTES.

1. Lorsqu'une personne parle, ce que vous entendez prononcer, s'appelle mots.

2. Lorsqu'une personne chante ou fait résonner un instrument de musique, ce qui frappe votre oreille, s'appelle son.

3. Une suite de mots arrangés d'une certaine manière, servent à faire comprendre ce que l'on veut dire, c'est le discours.

4. Une suite de sons combinés d'après certaines règles, servent à dépeindre et à faire éprouver à l'âme diverses sensations plus ou moins vives et agréables, c'est la musique.

5. Comme il y a le discours écrit, il y a la musique écrite.

6. Le discours écrit se compose de lettres, accents etc. etc.

7. La musique écrite se compose de différents signes, ayant chacun une destination spéciale.

8. Tous les signes en musique s'écrivent sur cinq lignes horizontales, nommée portée.

9. La ligne inférieure de la portée s'appelle la première ligne, celle qui suit, la seconde, et ainsi de suite.

10. Les signes qui représentent les sons, se nomment notes.

11. Il y a sept notes; voici les 7 notes placées dans leur ordre naturel: DO, RÉ, MI, FA, SOL, LA, SI.

12. Les notes se placent sur les lignes et entre les lignes de la portée.

13. Mises ainsi, elles n'ont pas encore de nom déterminé. Un signe placé au commencement de la portée, sur une ligne, détermine le nom de la note qui se trouve sur cette ligne. Cette note connue, les autres le sont aussi, car elles se suivent toujours dans leur ordre

2

naturel, soit direct, soit inverse.

14. Ce signe s'appelle Clef.

15. Il y a plusieurs clefs.

16. La clef qui se pose sur la deuxième ligne, se nomme clef de sol; par suite, toutes les notes placées sur cette ligne sont des sol:.

17. Voici la forme de la clef.

18. Sept notes suffisent pour représenter tous les sons, car, à une première série de sept notes, on peut en faire succéder une secon_de, une troisième, que l'on écrit sur des lignes supplémentaires, a_joutées, soit au_dessus, soit au_dessous de la portée.

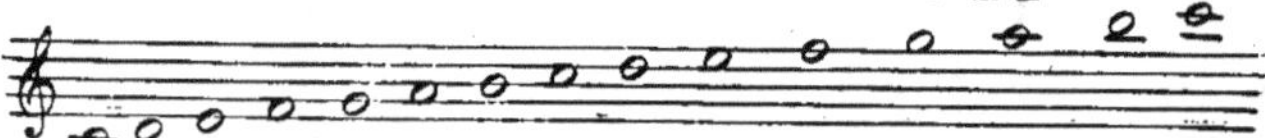

19._Cette échelle de notes représente les sons se succédant par degrés_conjoints du grave à l'aigu; la voix_monte à_mesure que les notes montent_sur la portée, elle descend à mesure qu'elles descen_dent; de là, les sons hauts ou aigus, les sons bas ou graves.

20. Les sept_notes qui se suivent dans leur ordre naturel, s'appel_lent Gamme.

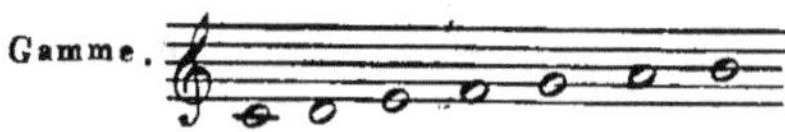

21. Dans une gamme, il y a toujours, d'une note à une autre note, une distance quelconque.

22. Cette distance s'appelle Intervalle.

23. Quand deux notes se suivent immédiatement, la distance entre la première et la deuxième se nomme intervalle de seconde.

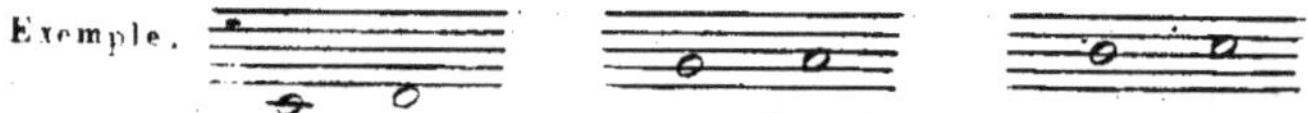

La distance entre la 1.re et la 3.me se nomme intervalle de tierce;

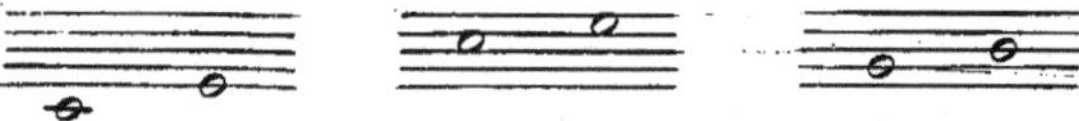

entre la Ire et la 4.me intervalle de quarte;

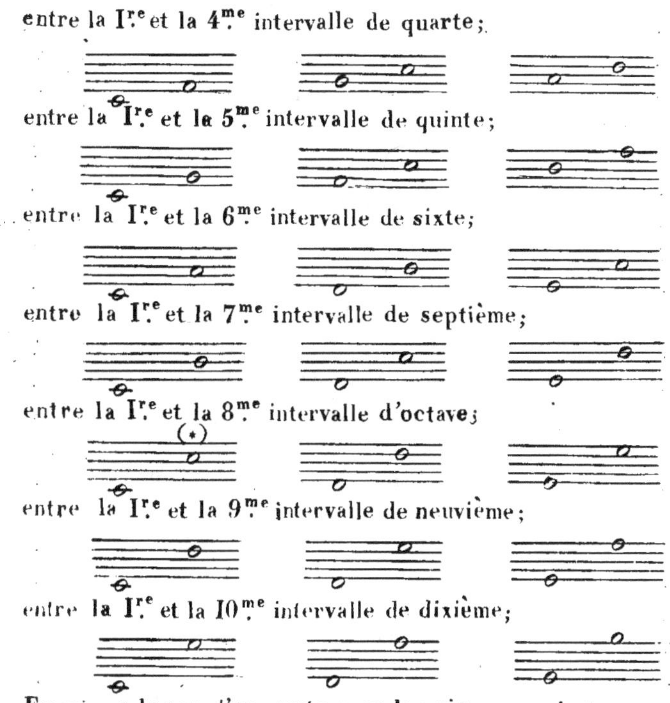

entre la Ire et la 5.me intervalle de quinte;

entre la Ire et la 6.me intervalle de sixte;

entre la Ire et la 7.me intervalle de septième;

entre la Ire et la 8.me intervalle d'octave;

entre la Ire et la 9.me intervalle de neuvième;

entre la Ire et la 10.me intervalle de dixième;

24. Exprimer le son d'une note avec la voix ou un instrument, c'est donner l'intonation.

25. Donner l'intonation aux notes avec la voix s'appelle chanter.

DES VALEURS.

1. Un son se prolonge plus ou moins longtemps, il peut donc avoir différentes durées.

2. La forme des notes annonce ces différentes durées.

3. La durée d'une note c'est sa valeur.

4. Une note de cette forme ◦ annonce un son qui doit durer deux fois aussi longtemps que le son représenté par une note telle que celle-ci ♩; la durée ou la valeur de la Ire est double de celle de la 2.me l'une vaut deux fois l'autre.

(*) Cette 8.e note n'est que la répétition de la première à huit degrés de distance en montant.

4

5. Voici la forme et le nom que prennent les notes d'après leur valeur :

○ Ronde,   ou entière.
♭ Blanche,   ou demie.
♪ Noire,   ou quart.
♪ Croche,   ou huitième.

Dénomination des allemands, qui est beaucoup plus rationelle.

6. Voici la valeur relative de ces différentes notes.

Une ○ vaut { deux blanches / quatre noires / huit croches

Une ♭ vaut { deux noires / quatre croches

Une ♪ vaut { deux croches

(Il est encore des valeurs moindres, il en sera parlé plus loin.)

DES SILENCES.

*** * ***

1. Si vous écoutez une personne qui parle ou qui lit haut, vous vous apercevrez qu'elle s'arrête de temps en temps, et pendant un temps plus ou moins long. Ces moments de silence sont exigés par la nécessité de respirer, par l'obligation d'être clair et de faire bien comprendre sa pensée.

2. Si vous examinez le langage écrit, vous trouvez parfois entre les mots, entre les phrases, des signes de ponctuation, la virgule, le point-virgule. etc. etc. qui indiquent des pauses plus ou moins lon _ gues à observer par le lecteur.

3. En musique, des moments de silence, plus ou moins longs, sont tout aussi nécessaires, soit pour la respiration, soit pour les effets.

4. Dans l'écriture musicale, les silences sont représentés par certains signes.

5. Voici la forme et les noms des signes qui indiquent les silences.

═══ pause.   ═══ demi-pause.

═══ soupir.   ═══ demi-soupir.

(Il en est d'autres encore, il en sera parlé plus tard.)

Les silences ayant pour but d'interrompre le son, la durée des silences est en rapport avec la durée des sons, et, à chacune des valeurs des notes, répond un silence d'une égale valeur.

6. Ainsi le silence indiqué par la pause, se prolonge aussi long temps que dure le son représenté par la ronde, et ainsi de suite.

7. Voici la forme et la valeur des silences en regard des valeurs des notes.

La pause ▬ silence équivalent à la durée de la ronde

La ½ pause ▬ silence équivalent à la durée de la blanche

Le soupir ▬ silence équivalent à la durée de la noire

Le ½ soupir ▬ silence équivalent à la durée de la croche

DU TEMPS ET DE LA MESURE.

1. Chaque fois que, dans un morceau de musique, revient une note d'une même valeur, on lui donne une même durée. c'est-à-dire que, si l'on a soutenu le son d'une ronde pendant un temps quelconque, on soutiendra toutes les rondes pendant le même temps, toutes les blanches pendant la moitié de ce temps, toutes les noires pendant le quart, toutes les croches pendant la huitième partie de ce temps.

2. Il en est de même des silences.

3. Pour être plus certain de donner à toutes les rondes la même durée qu'à une première ronde, et s'assurer en même temps. que cette durée est quatre fois plus longue que celle de la noire, que toutes les noires ont le quart de cette durée, on mesure le temps qui s'écoule pendant qu'on prolonge chaque son ou chaque silence.

4. Le balancier d'une pendule frappe régulièrement 60 coups égaux pendant chaque minute, 30 coups ou battements du balancier représentent une demi-minute, 15, un quart de minute.

Le nombre des battements représente la longueur du temps écoulé; les battements peuvent servir à mesurer le temps.

6

5. Pendant qu'on soutient le son d'une note, si l'on fait avec la main un certain nombre de battements égaux et d'une égale vitesse, on mesure la durée de cette note.

6. Le son de la ronde se prolonge pendant quatre battements égaux; de la blanche, pendant deux; de la noire, pendant un; et aussi pendant un seul battement, le son de deux croches.

7. Un battement se nomme temps.

8. La ronde se bat par quatre temps;
La blanche, par deux;
La noire, par un;
On doit nommer deux croches pour un temps.

9. La pause veut le silence pendant quatre temps.
La demi-pause, pendant deux;
Le soupir, pendant un;
Il faut deux demi-soupirs pour le silence d'un temps.

10. Faire avec la main ces quatre battements égaux, c'est battre la mesure en quatre temps.

11. Voici à peu près figurés les quatre mouvements que fait la main pour battre la mesure en quatre temps.

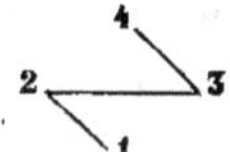

12. Pour la facilité de celui qui doit chanter et battre la mesure en quatre temps, la musique est divisée par des lignes verticales en pe_titesparties, renfermant chacune la valeur de quatre temps.

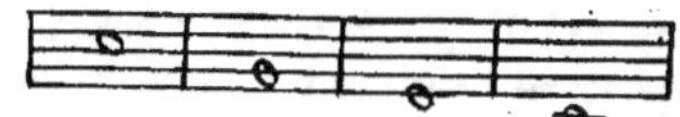

13. Ces parties s'appellent mesures, ces lignes verticales qui les séparent, barres de mesures.

14. La mesure en quatre temps est complète, si elle renferme quatre temps, soit au moyen des notes, soit au moyen des silences.

Exemple. 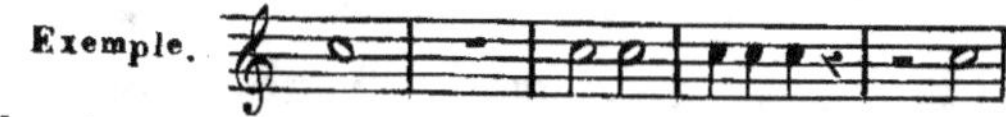

15. Un signe semblable à celui-ci C, placé au commencement de la portée, mais après la clef, indique la mesure en quatre temps.

16. On peut faire les battements de la main plus ou moins vite,

quoique toujours d'un mouvement égal. La durée des quatretemps
peut donc être plus ou moins longue.

17. Le chant est plus vif ou plus lent suivant la vitesse du mou_
vement.

18. La vitesse du mouvement dépend du caractère du morceau
de musique.

19. Cette vitesse ou plutôt le mouvement de la mesure s'indique
par un mot italien placé au dessus de la portée.

20. Voici quelquesunsdecesmots, **Moderato**, mouvement modéré,
ni trop vif ni trop lent; **Largo**, large, lent; **Tempo di marcia**,
mouvement de marche.

DES TONS ET DES DEMI - TONS.
⁎ ⁎ ⁎

1. Dans toute gamme, la distance qui sépare les notes, semble
à l'œil partout égale.

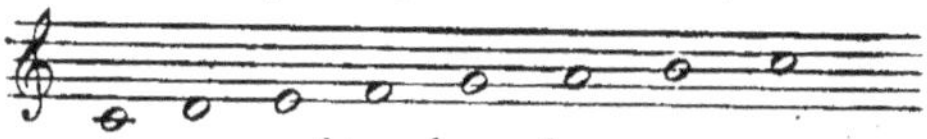

2. La distance qui sépare les sons représentés par ces notes,
n'est pas cependant la même. En effet, dans la gamme de DO, qu'_
en musique on prend pour base, de MI à FA l'intervalle est moin_
dre que de DO à RÉ.

(2 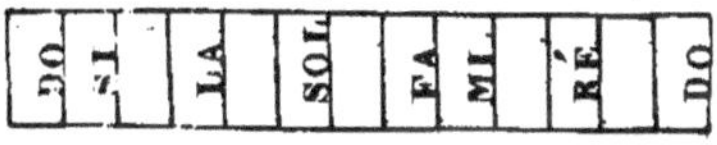)

DO	SI	LA	SOL	FA	MI	RÉ	DO

3. L'intervalle compris entre deux notes se succédant par degrés
conjoints, s'appelle ton.

4. Il y a des intervalles d'un ton, il y en a d'un demi-ton.

5. De DO à RÉ, il y a un ton; de RÉ à MI, un ton; de MI à FA, un demi_
ton; de FA à SOL, un ton; de SOL à LA, un ton; de LA à SI, un ton; et
de SI à DO, un demi-ton.

6. Il y a donc, dans la gamme de DO, cinq tons et deux demi-tons.

7. Les demi-tons sont placés, l'un entre la troisième et la qua_
trième note, l'autre entre la septième et la huitième.

8. La gamme de DO présente donc une suite de deux tons, un
demi-ton, trois tons, et un demi-ton. (1)

____

(1) Il est entendu qu'on parle ici d'une gamme majeure.
(2) Montrer sur ce tableau, qui rend la chose sensible, la différence des intervalles.

DES DIÈZES ET DES BÉMOLS.

* * *

1. Nous avons vu qu'il y a sept sons représentés par sept notes.

2. Nous venons de voir que les intervalles entre deux sons, repré_ sentés par deux notes se succédant par degrés conjoints, sont tan_ tôt d'un ton, tantôt d'un demi-ton.

3. Il est aisé de concevoir qu'on pourrait obtenir des sons nou_ veaux, en partageant en deux les intervalles d'un ton.

4. DO représente un son, RÉ en représente un autre — il y a entre eux la distance d'un ton. On partage cette distance en deux, et, outre les deux sons, on en a un troisième, qui n'est pas DO, qui n'est pas RÉ, mais qui se trouve entre DO et RÉ.

5. Pour marquer ce son intermédiaire, il n'est pas besoin d'une nouvelle note.

6. Ce signe ♯ nommé dièze, placé devant le DO, suffit pour dési_ gner ce son intermédiaire, qui s'appelle DO dièze

7. Ce signe ♭ nommé bémol, placé devant le RÉ, désigne aussi ce son intermédiaire qui s'appelle RÉ bémol.

8. On voit que le DO — devenant DO dièze ou le son intermédiai_ re, s'est, en montant, rapproché d'un demi-ton du RÉ — Donc le dièze hausse la note d'un demi-ton.

9. On voit aussi que RÉ — devenant RÉ bémol, s'est, en descendant, rapproché du DO d'un demi-ton.

Exemple. —	RE		RÉ
		DO♯	RE♭
	DO		DO

10. La note précédée d'un ♯ ou d'un ♭ est dite altérée.

DES GAMMES.

* * *

1. Toute note peut être première note d'une gamme, et donne alors son nom à cette gamme.

2. Dans toute gamme, les tons et les demi-tons doivent être pla_

cés dans le même ordre que dans la gamme de DO.

3. Dans une gamme ne commençant pas par DO, l'ordre des tons et des demi-tons se trouve momentanément dérangé.

4. Il faut donc les remettre dans l'ordre où ils se trouvaient dans la gamme de DO, c'est-à-dire augmenter ou diminuer les in_ _tervalles devenus trop petits ou trop grands d'un demi-ton.

5. On augmente un intervalle en éloignant la note supérieure de la note inférieure, ce qui s'obtient en mettant un dièze devant la note supérieure.

6. Si l'intervalle est devenu trop grand, on le diminue en rap_ _prochant la note supérieure de la note inférieure, ce qui s'obtient en mettant un bémol devant la note supérieure.

7. Rendre ainsi, au moyen de dièzes ou de bémols, les intervalles semblables à ceux de la gamme de DO, s'appelle régulariser les gammes.

8. L'usage est de placer à la clef les dièzes et les bémols qui servent à régulariser les gammes.

9. D'après ces principes, la gamme de RÉ, par exemple, sera régularisée au moyen de deux dièzes, l'un devant le FA, l'autre devant le DO, ces deux dièzes seront mis à la clef aux places ré_ servées à ces deux notes. Exemple.

DU TON.

1. L'absence ou la présence de dièzes ou de bémols à la clef indique de quelle gamme il s'agit.

2. Dire de quelle gamme il s'agit, s'appelle déterminer le ton.

3. Déterminer le ton d'un morceau de musique, c'est dire avec quelle gamme il a été écrit.

4. Un morceau de musique est donc dans tel ou tel ton, suivant qu'on s'est servi de telle ou telle gamme pour l'écrire.

5.   Quand, par exemple, un morceau est écrit avec la gamme de RÉ, le ton est en RÉ.

6.   Avant donc de commencer à chanter un morceau de musique, on regarde à la clef, l'inspection de la clef apprend de quelle gamme on s'est servi pour l'écrire, par conséquent dans quel ton le morceau est écrit, et par suite dans quel ton il faut le chanter.

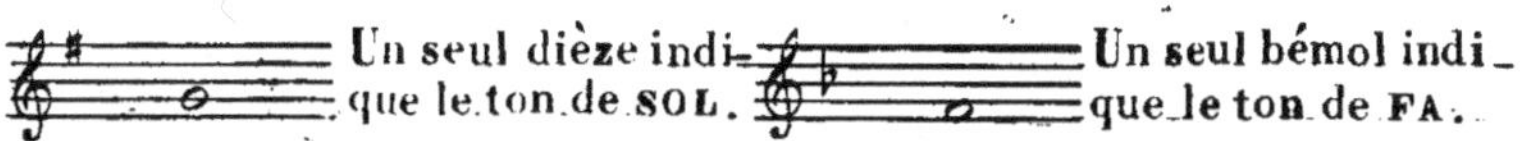

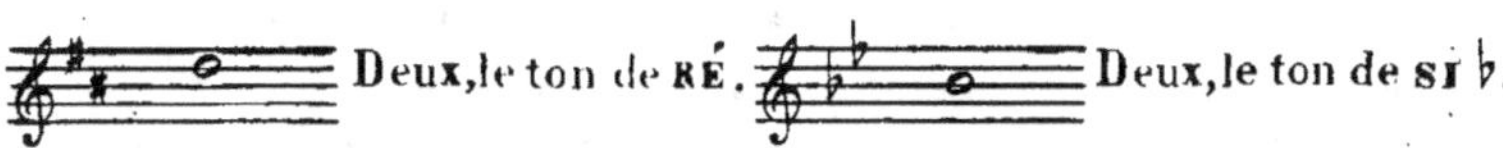

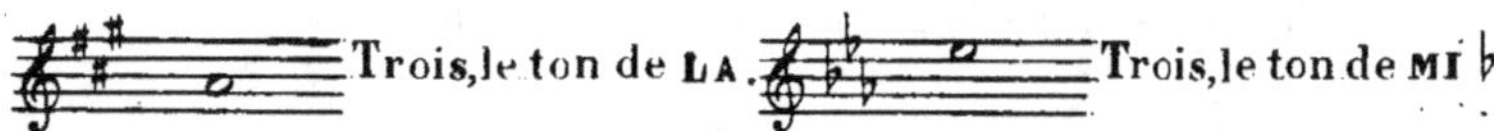

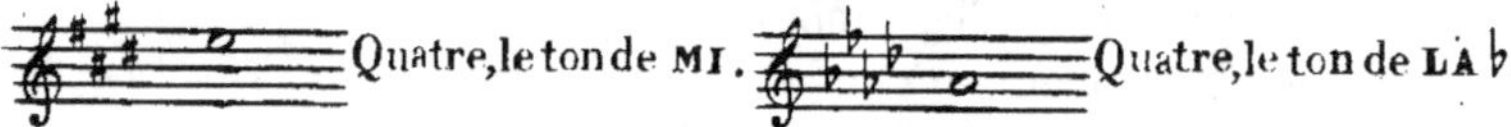

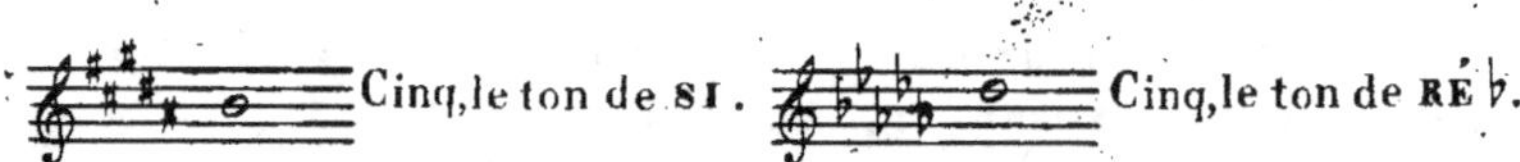

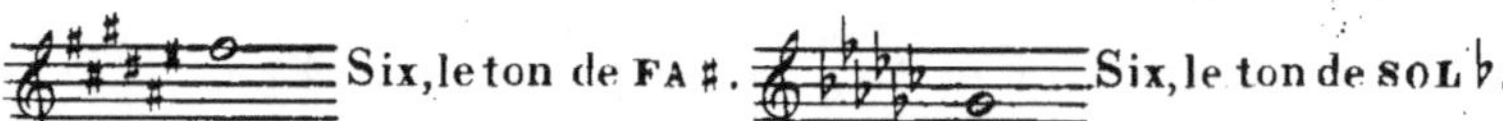

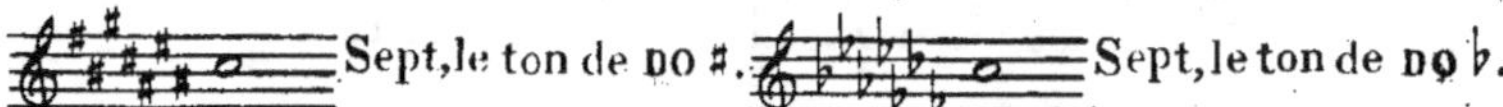

8.   Les dièzes se placent sur la portée de quinte en quinte en montant, et la note qui suit le dernier dièze est la note du ton.

9.   Les bémols se placent de quarte en quarte en montant, et, si l'on descend d'une quarte à partir du dernier bémol, on trouve la note du ton.

DU MODE.

* * *

1.   Dans la gamme de DO, nous avons dit que les tons et les demi-tons se succèdent ainsi.

2. On voit que de DO à MI, *c'est-à-dire dans la pre_mière tierce, il y a deux tons ou quatre demi_tons.

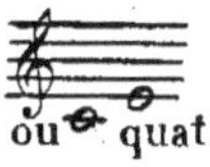

3. De même, dans toutes les gammes_régularisées d'après la gamme de DO, la première tierce renferme quatre demi_tons.

4. La gamme dont la première tierce renferme quatre demi_tons, est dite majeure, ou appartenant au mode majeur.

5. Il est une autre série de gammes, dans les quelles la première tierce renferme seulement trois demi_tons, et qui, pour cela, sont dites mineures, appartenant au mode mineur.

6. La gamme de LA mineur sert de base au mode mineur, comme la gamme de DO, au mode majeur.

7. Les tons et demi_tons dans la gamme de LA mineur se succèdent de la manière suivante.

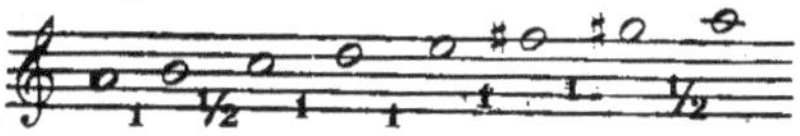

8. Dans le mode mineur, comme dans le mode majeur, chaque note peut être la première d'une gamme.

9. Ces gammes doivent avoir les tons et les demi_tons placés dans le même ordre que dans la gamme fondamentale de LA mineur; on les régularise au moyen de dièzes et de bémols qui se placent à la clef.

10. La gamme fondamentale de LA mineur, comme la gamme fondamentale de DO majeur, n'a rien à la clef.

11. Les différents tons mineurs sont indiqués par les dièzes et les bémols à la clef, comme les différents tons majeurs.

12. Les mêmes signes à la clef, indiquent donc un mode majeur ou un mode mineur.

13. Le mode mineur, indiqué par les mêmes signes à la clef que le mode majeur, est le ton relatif de ce majeur. (On nomme tonique la première note d'une gamme, on nomme sensible la 7me.)

14. Le ton relatif mineur est toujours une tierce au-dessous de la tonique majeure.

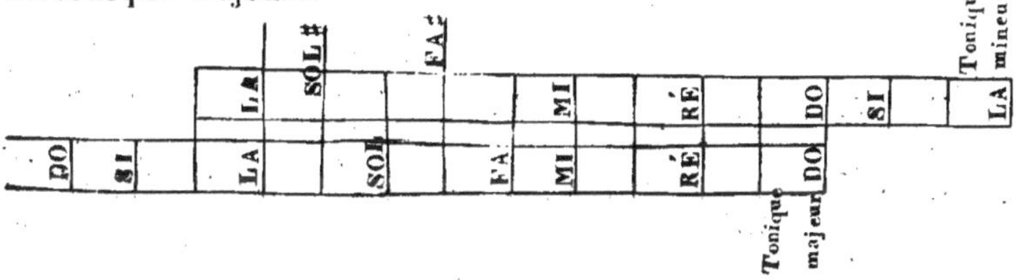

12

15. Pour décider si le morceau de musique appartient au mode majeur, ou au mode mineur, on examine, après avoir déterminé la tonique mineure si la sensible de ce ton mineur est altérée; l'altération de la sensible annonce ordinairement le mineur. Pour plus de certitude, on regarde la dernière note de la partie la plus grave, qui, étant toujours la tonique, indique le mode.

GAMME.

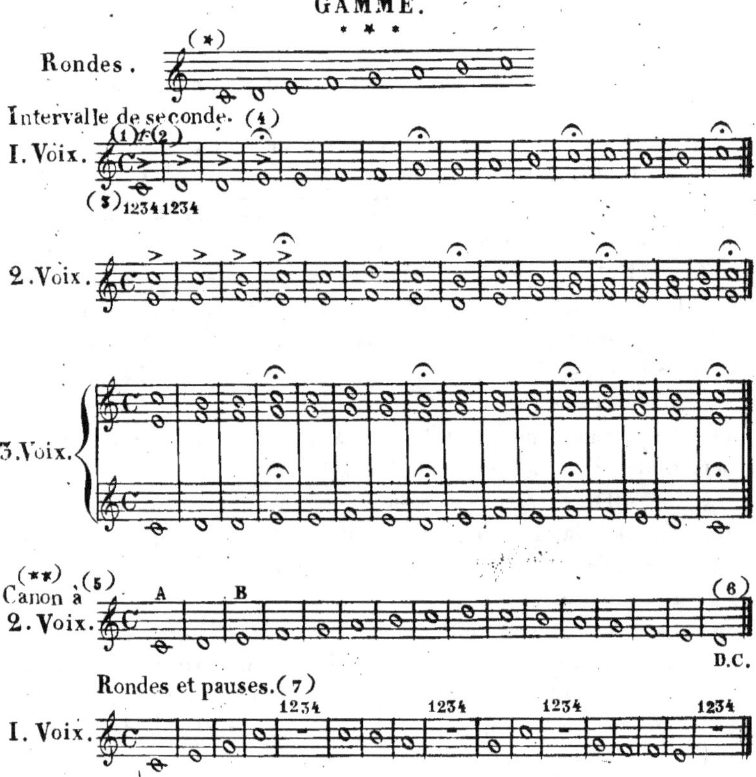

(*) Écrire cette gamme au tableau, puis, indiquant les notes avec une bagette, préparer à l'intervalle de seconde, avant de passer aux exercices, d'application qui suivent. Agir ainsi chaque fois qu'on change d'intervalle. —

(**) Chaque canon sera chanté d'abord à l'unisson, c'est-à-dire par toutes les voix réunies en une seule partie.

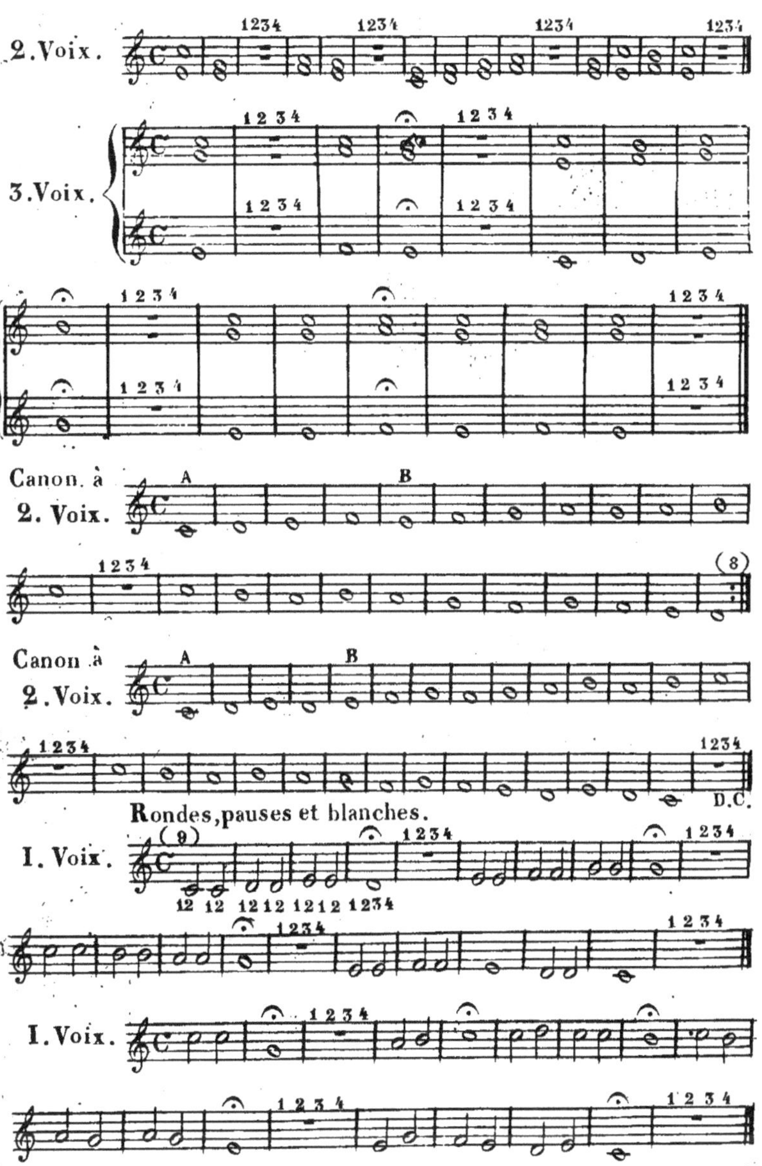
2.Voix.
3.Voix.
Canon. à 2. Voix.
Canon à 2. Voix.
Rondes, pauses et blanches.
I. Voix.
I. Voix.

2. Voix.

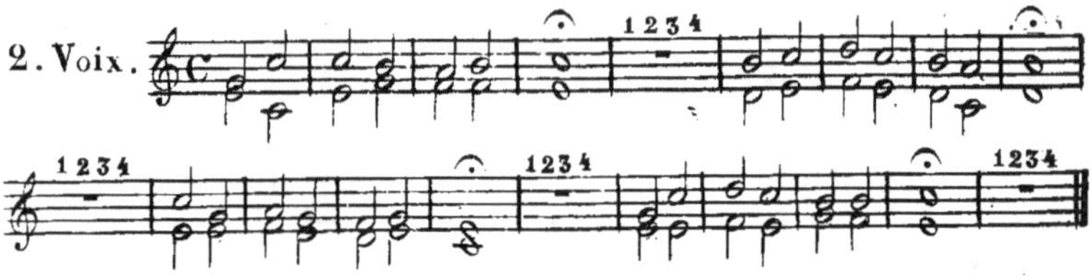

1234

1234 1234 1234

3. Voix.

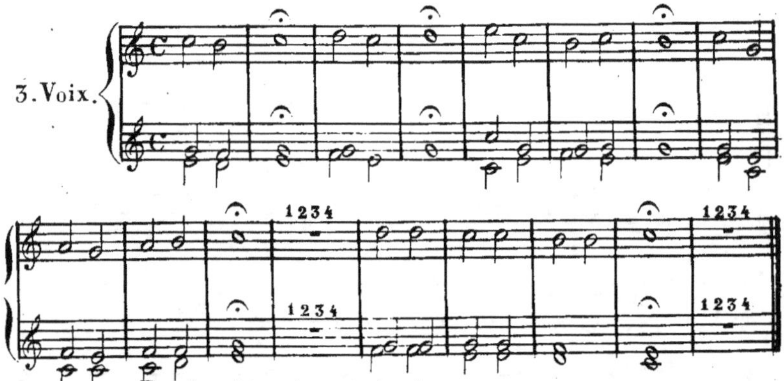

1234 1234

1234 1234

Rondes, blanches et demi-pauses.

1 Voix.

12 12 12

(10)

12 12

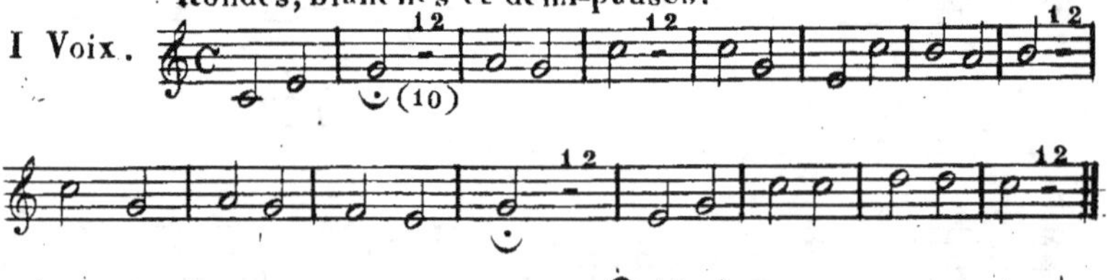

2. Voix.

12

12 12

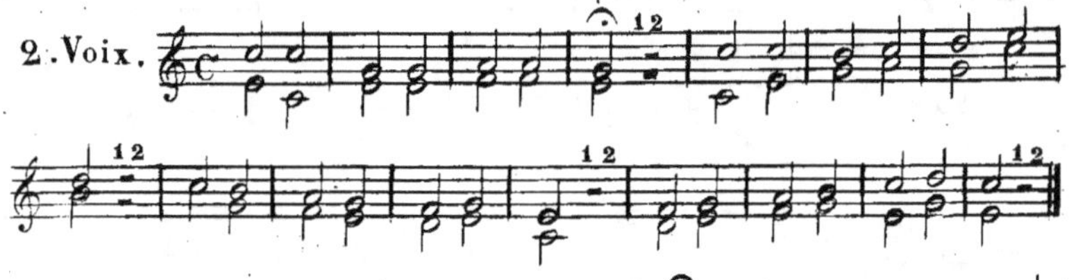

3. Voix.

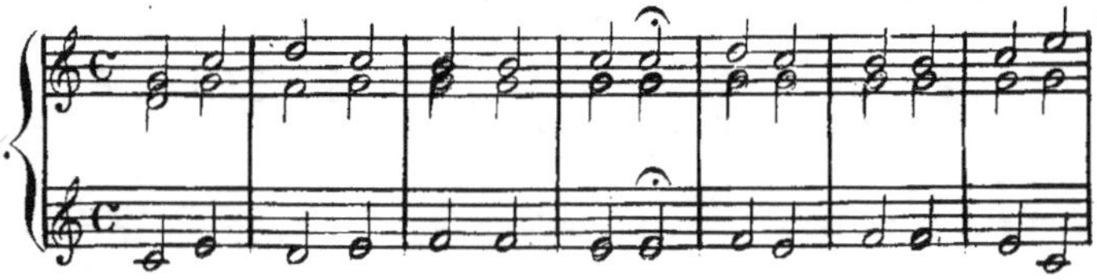

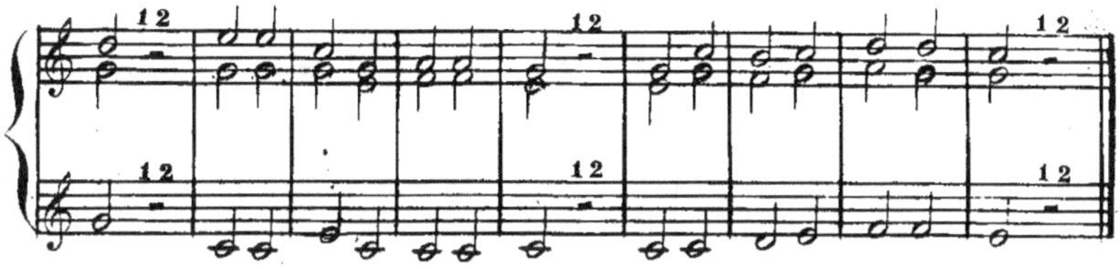

Canon à
2. Voix. 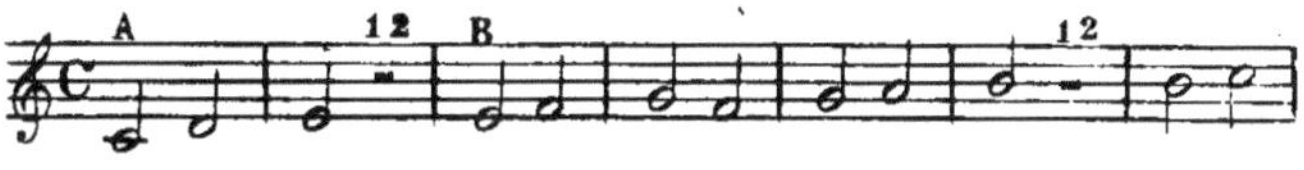 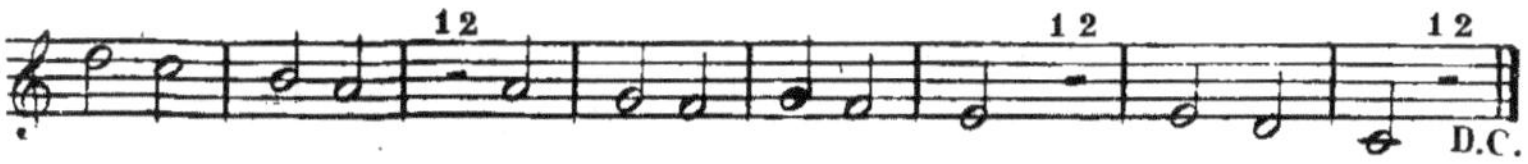
A
B
12
12
D.C.
Canon à
2. Voix. 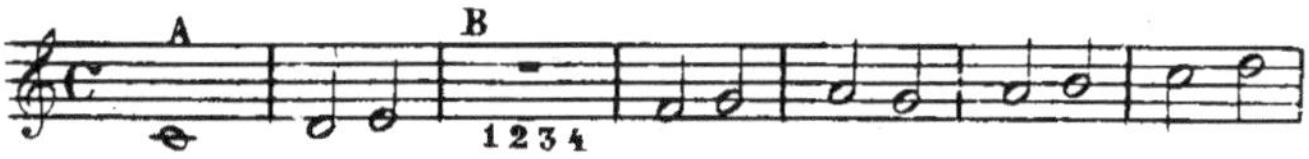 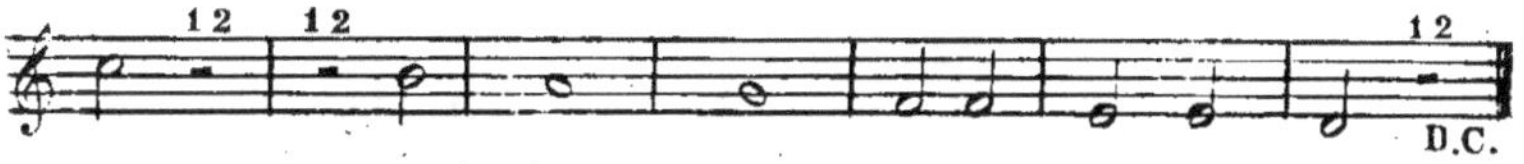
A
B
1234
12
D.C.
Noires par chiffres. 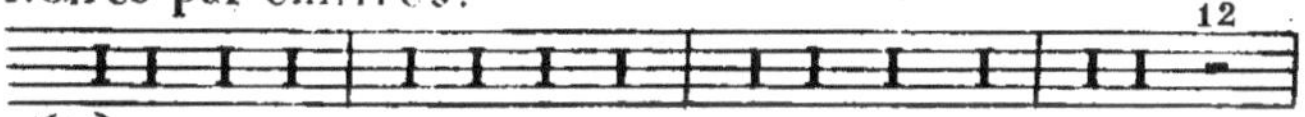
(11)
I. Voix. 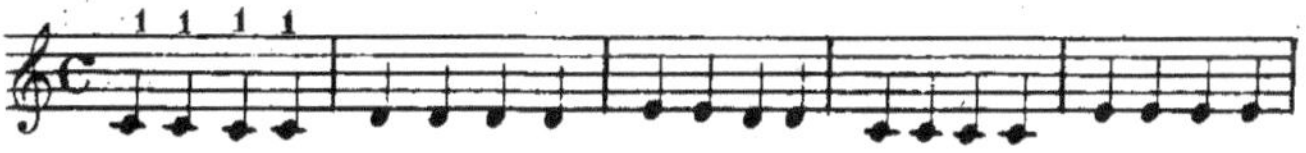 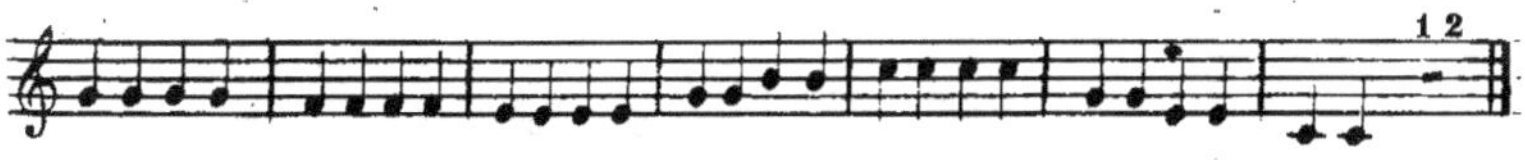
Rondes, pauses, blanches, demi-pauses et noires.
I. Voix. 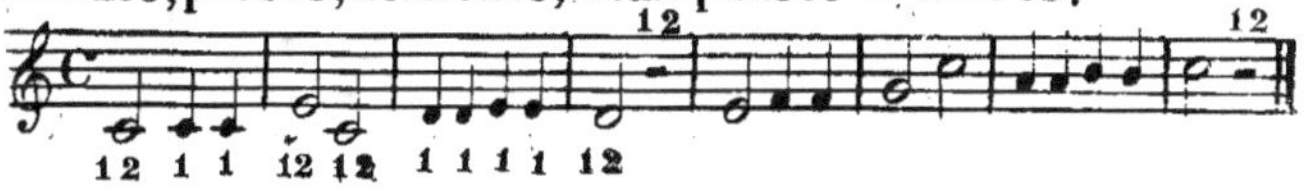
2. Voix.

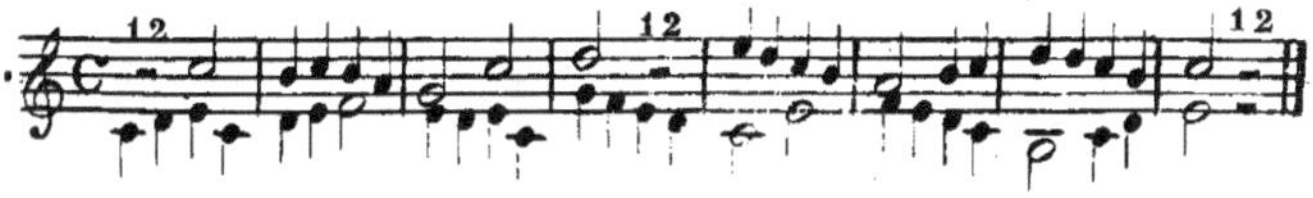

16

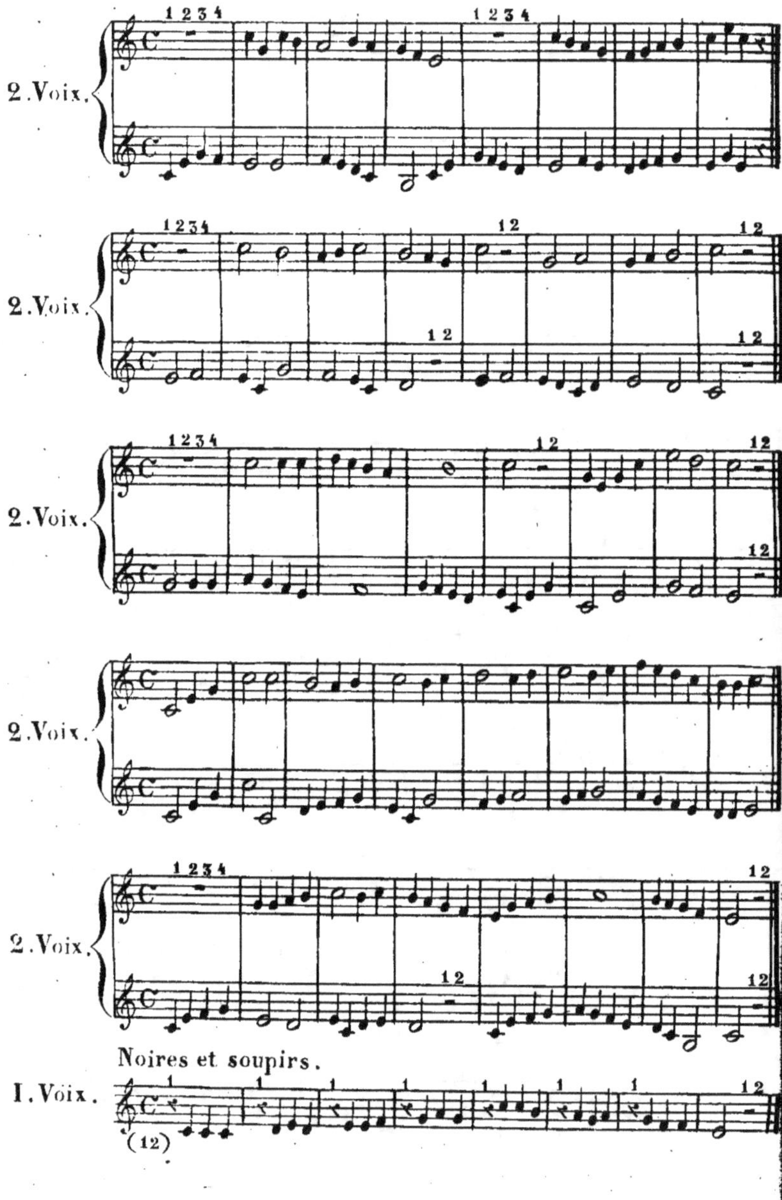

I. Voix.

I. Voix.

I. Voix.

Rondes, pauses, blanches, demi pauses, noires et soupirs.

2. Voix.

2. Voix.

2. Voix.

Canon à
2. Voix.

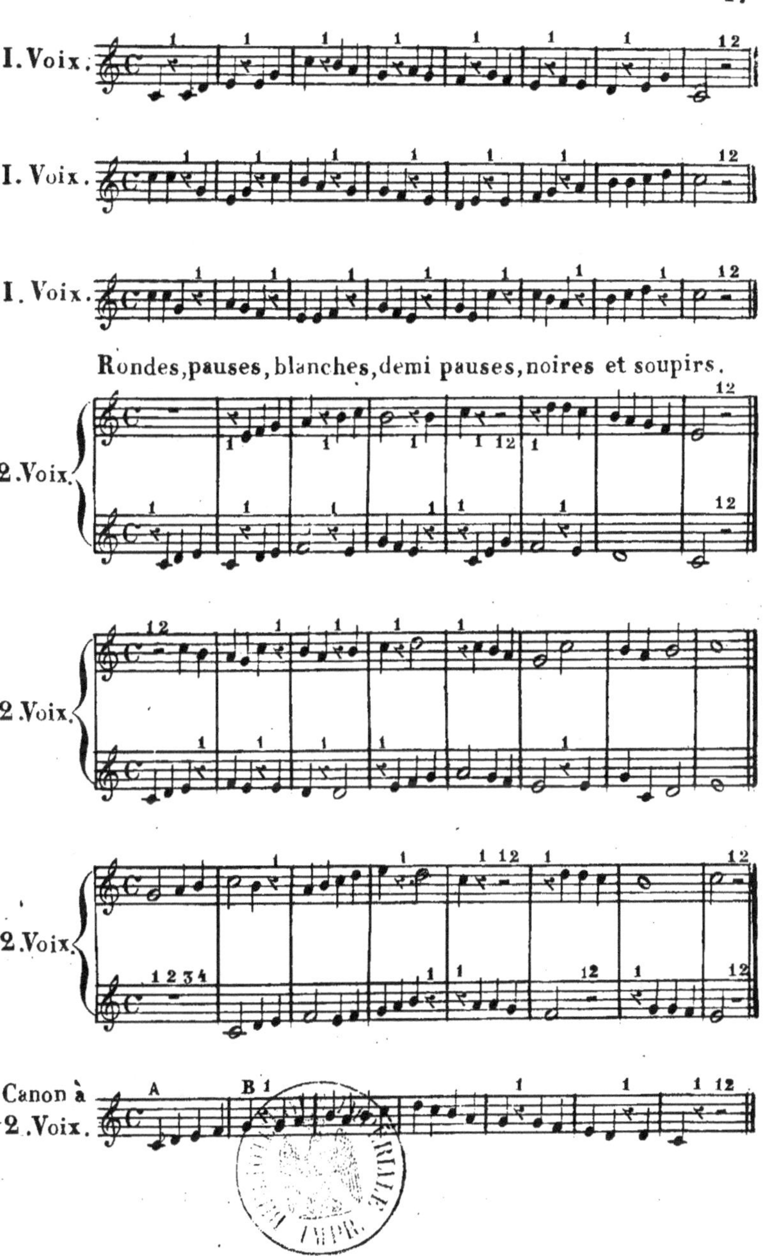

18

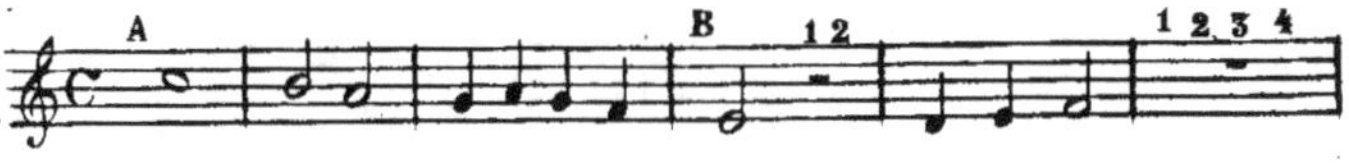

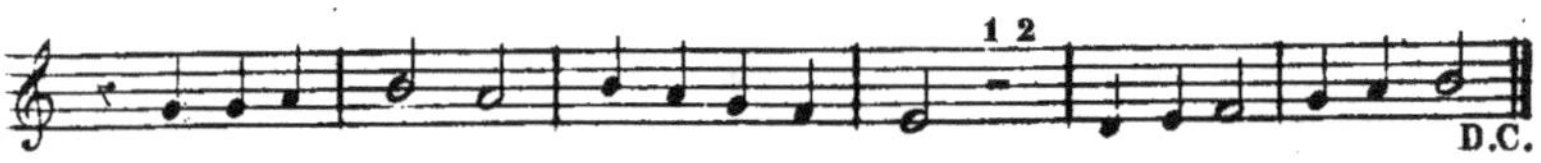

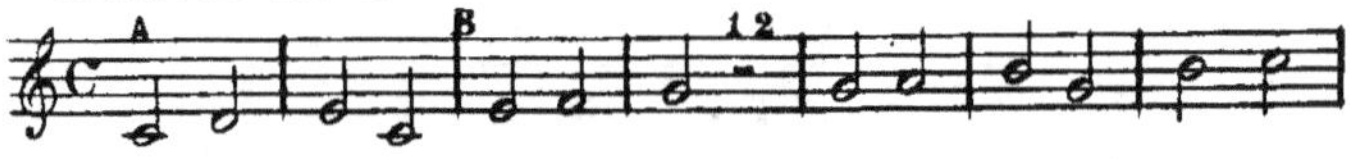

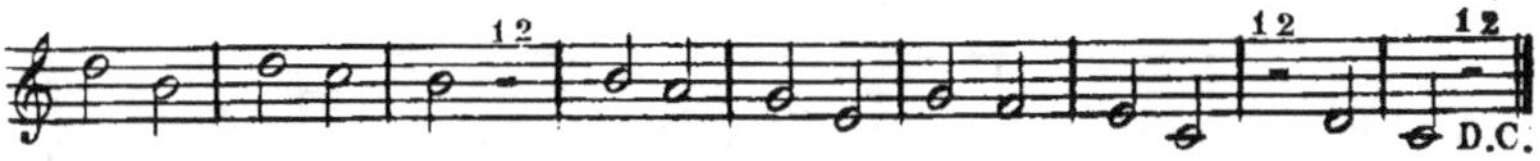

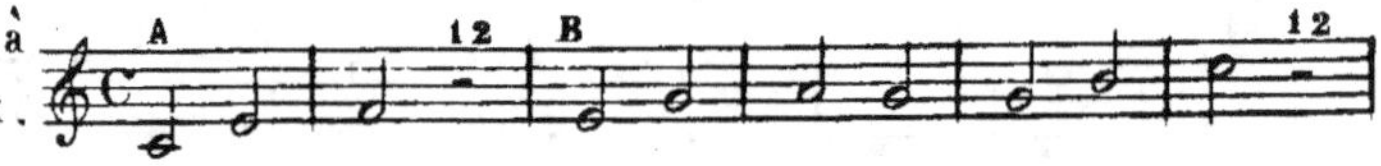

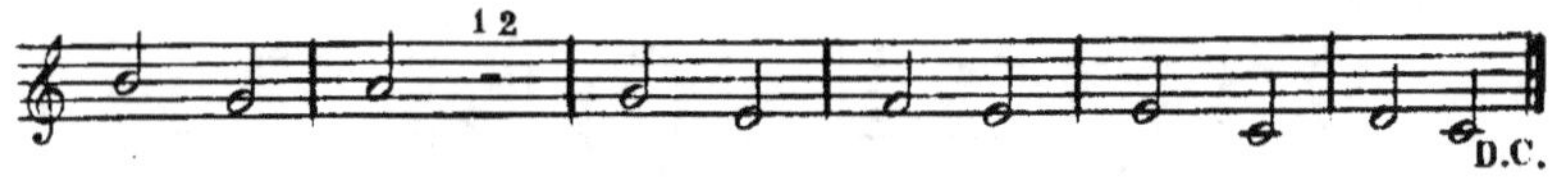

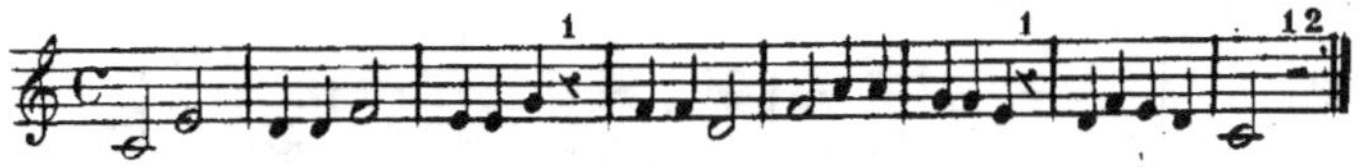

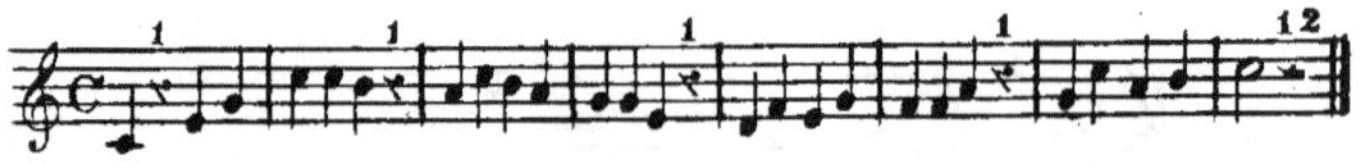

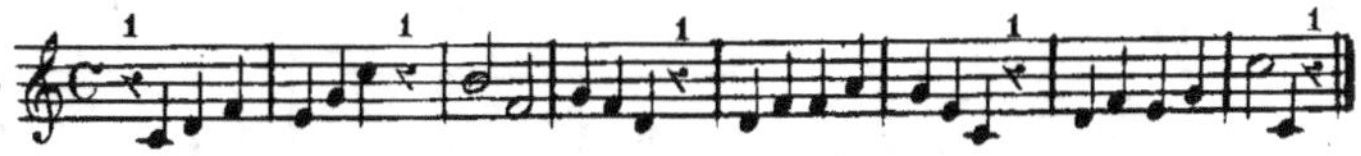

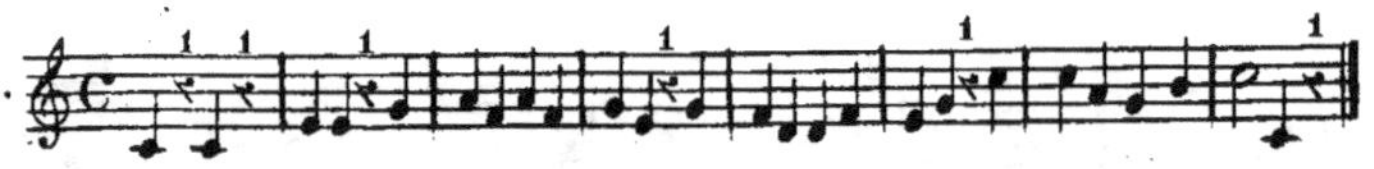

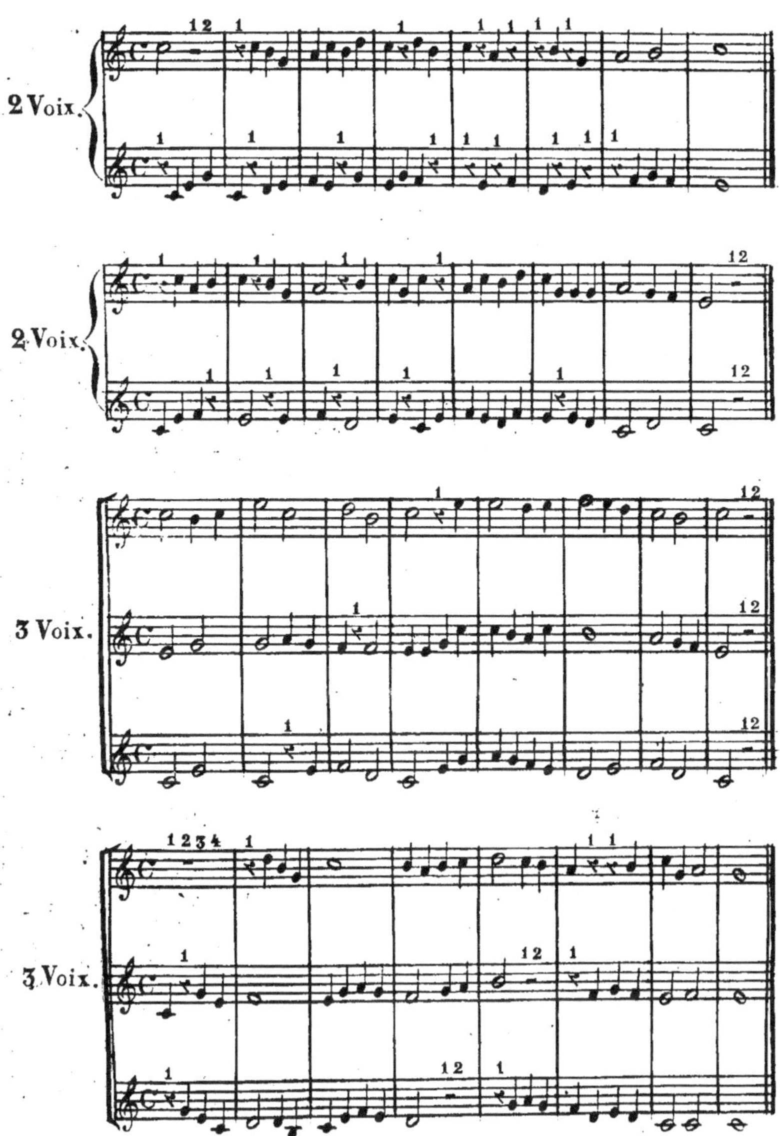
2 Voix.
2 Voix.
3 Voix.
3 Voix.

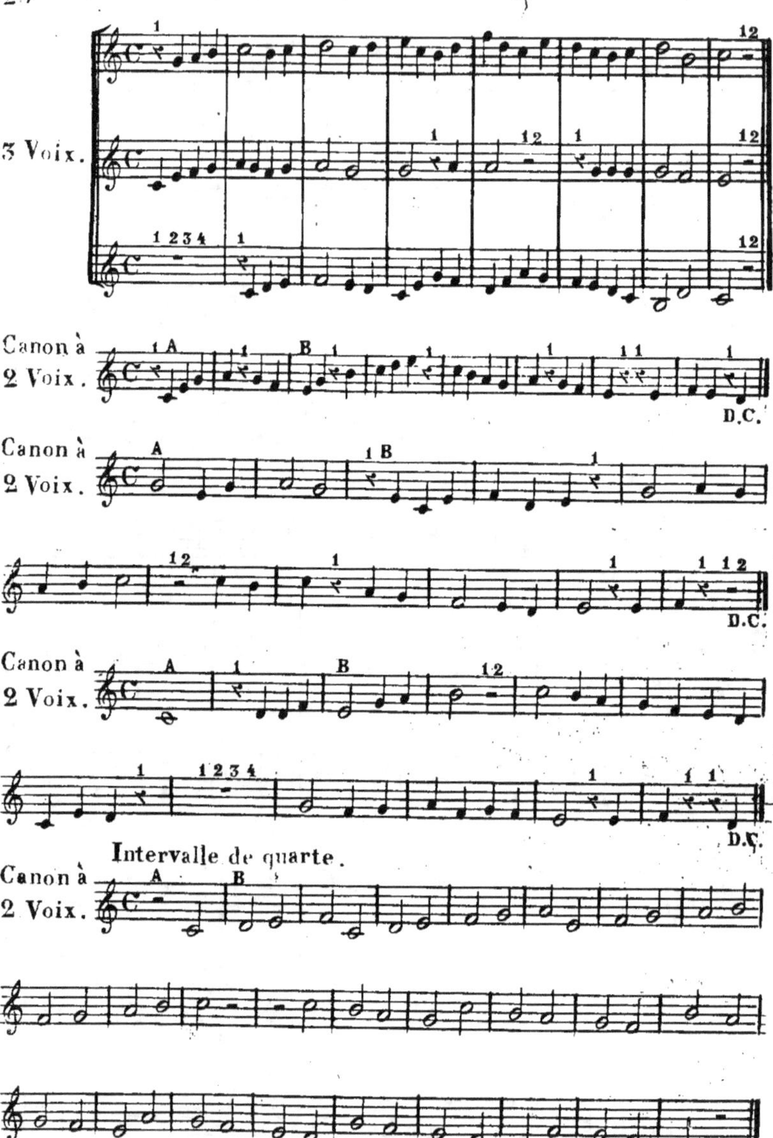

3 Voix.
Canon à 2 Voix.
Canon à 2 Voix.
Canon à 2 Voix.
Intervalle de quarte.
Canon à 2 Voix.
D.C.

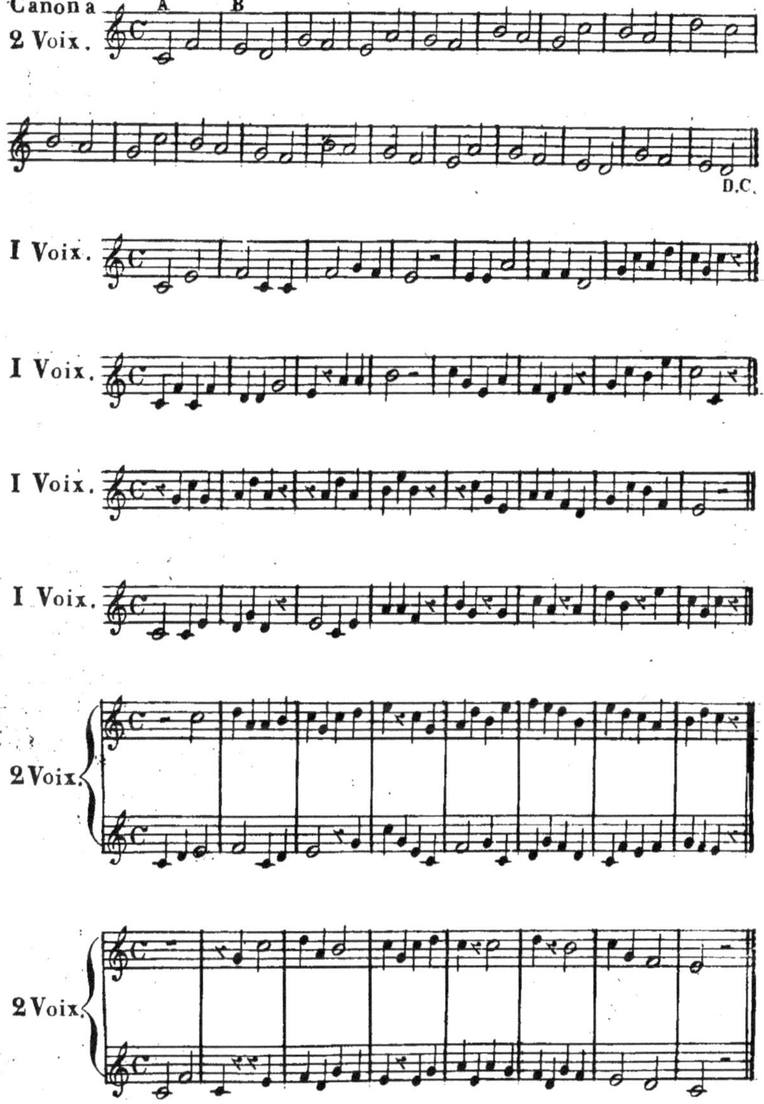
Canon à
2 Voix.
A   B
D.C.
I Voix.
I Voix.
I Voix.
I Voix.
2 Voix.
2 Voix.

22

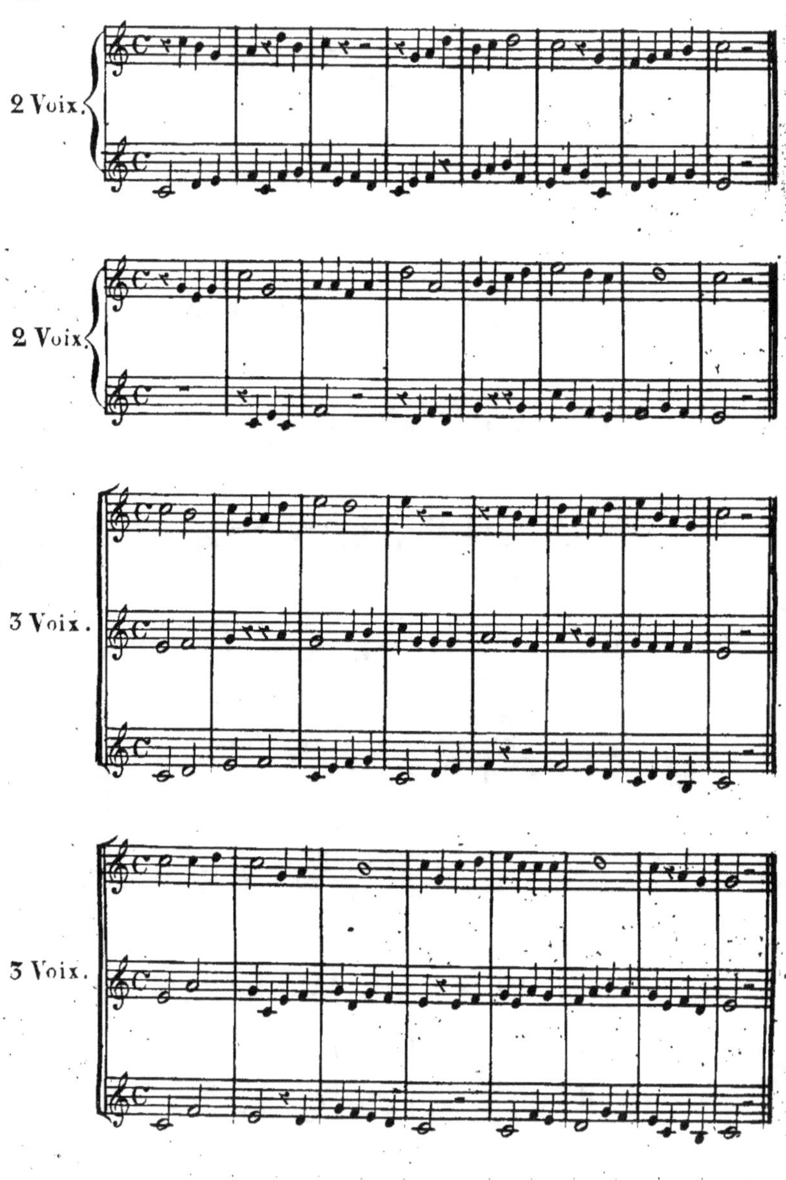

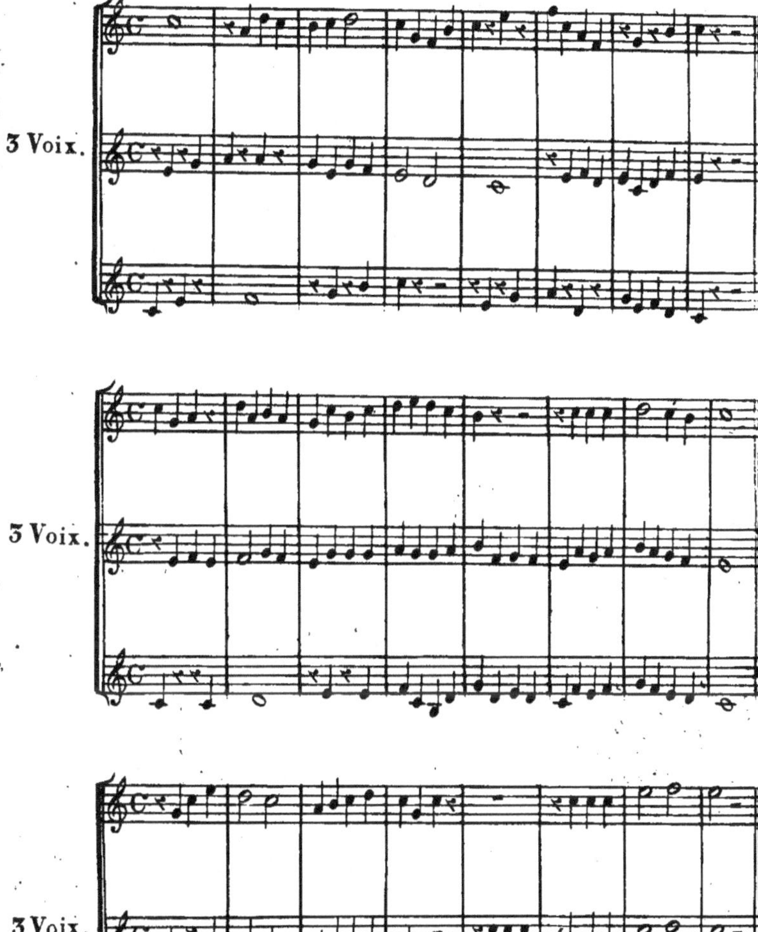
3 Voix.
3 Voix.
3 Voix.

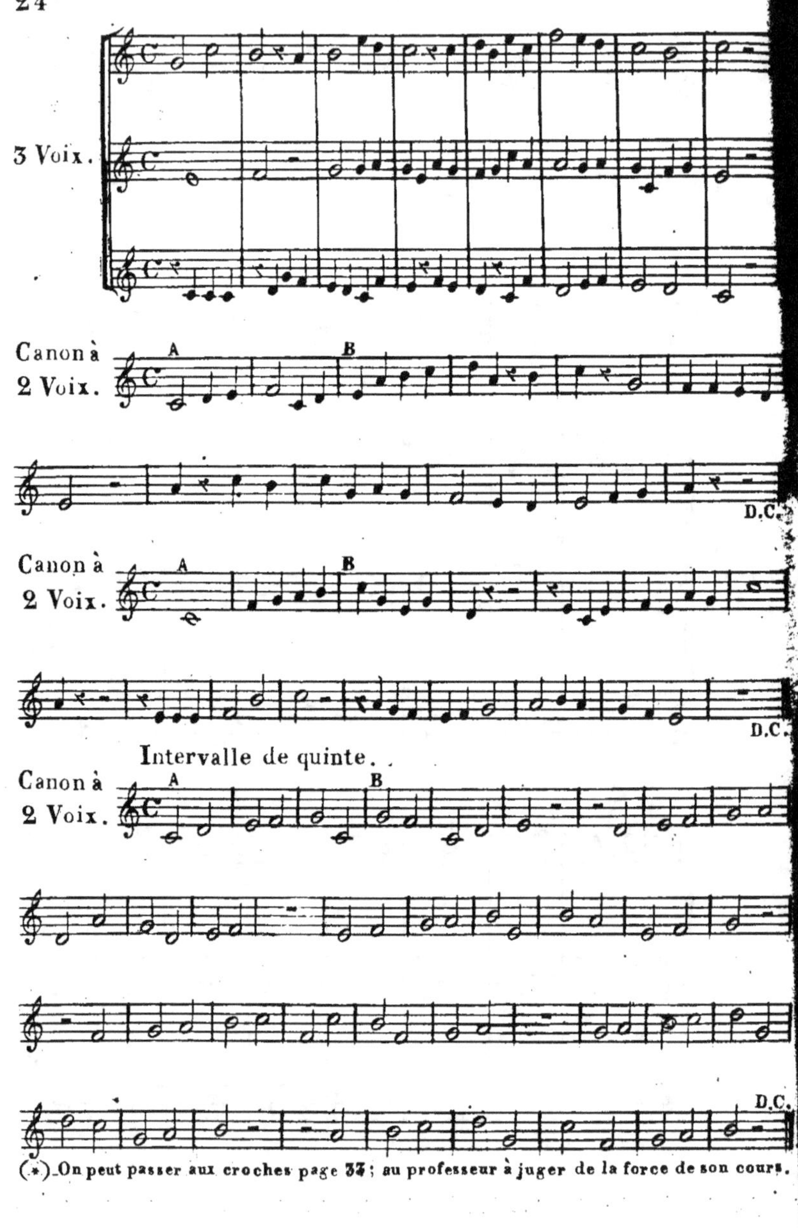

(*)_On peut passer aux croches page 37 ; au professeur à juger de la force de son cours.

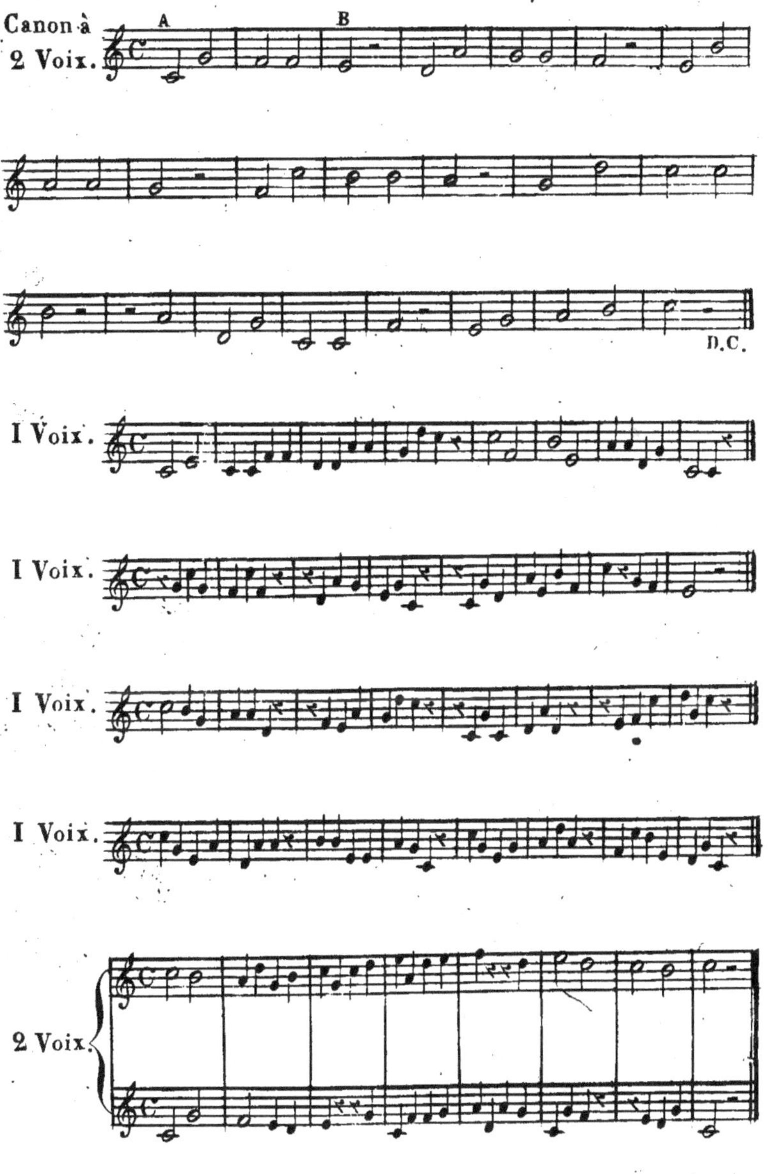
Canon à
2 Voix.
A
B
D.C.
I Voix.
I Voix.
I Voix.
I Voix.
2 Voix

2 Voix.

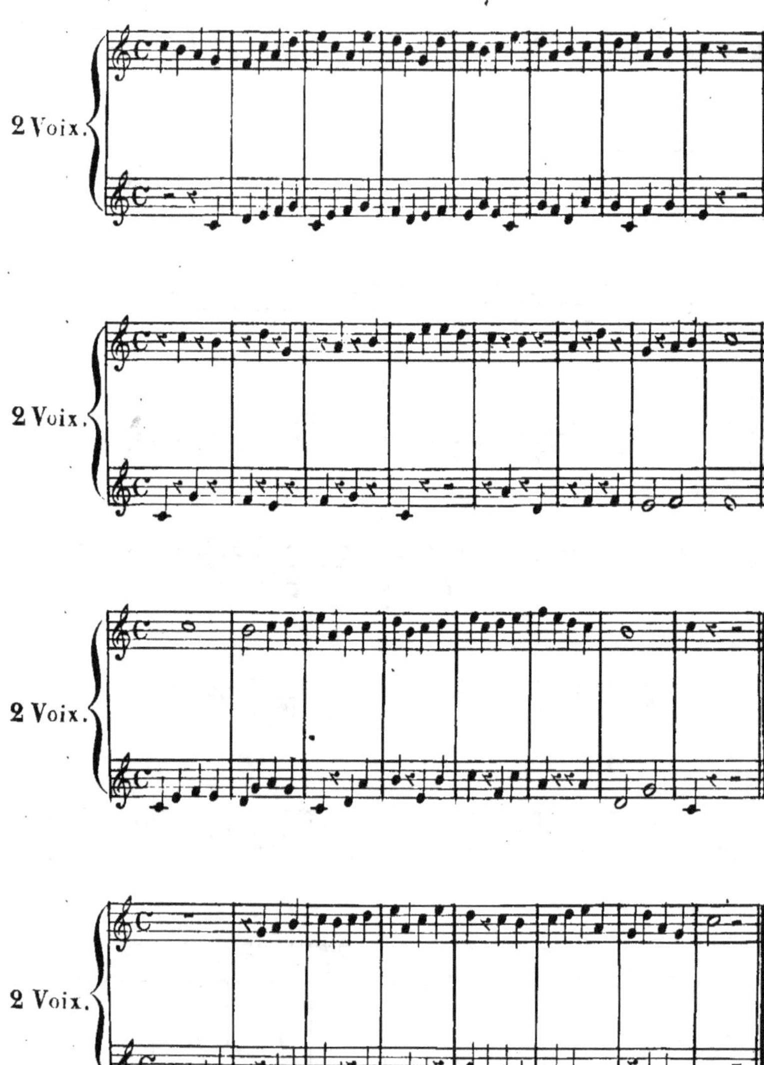

2 Voix.

2 Voix.

2 Voix.

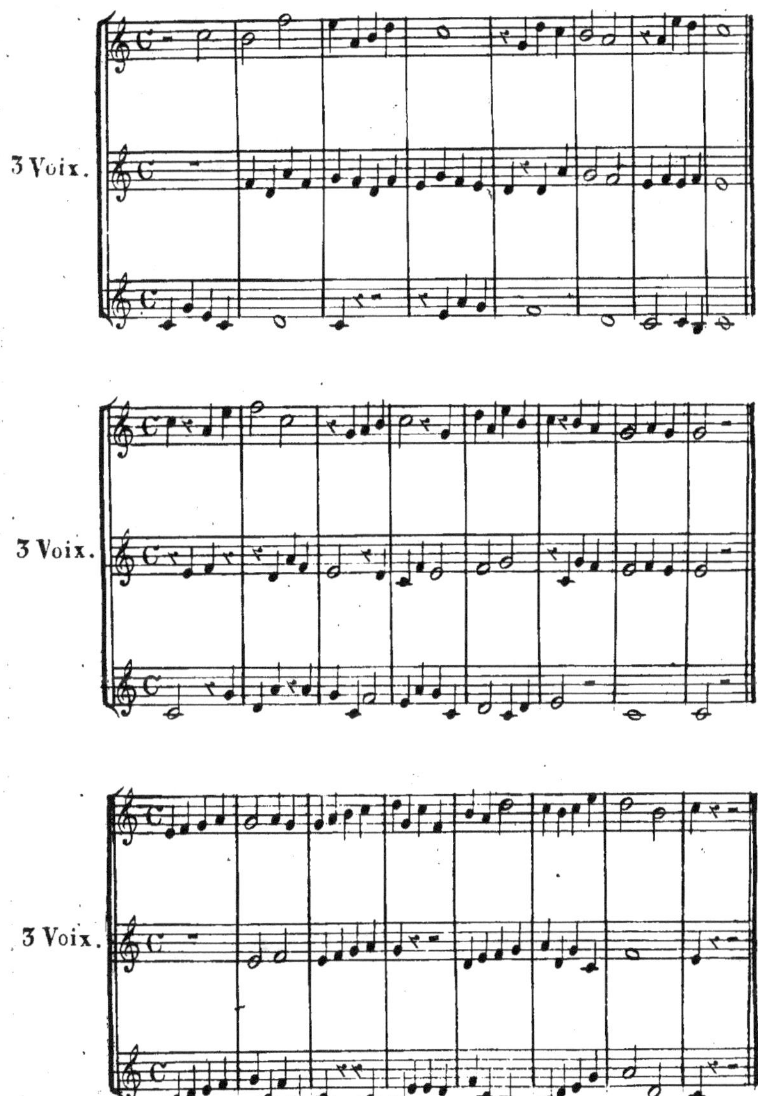

3 Voix.
3 Voix.
3 Voix.

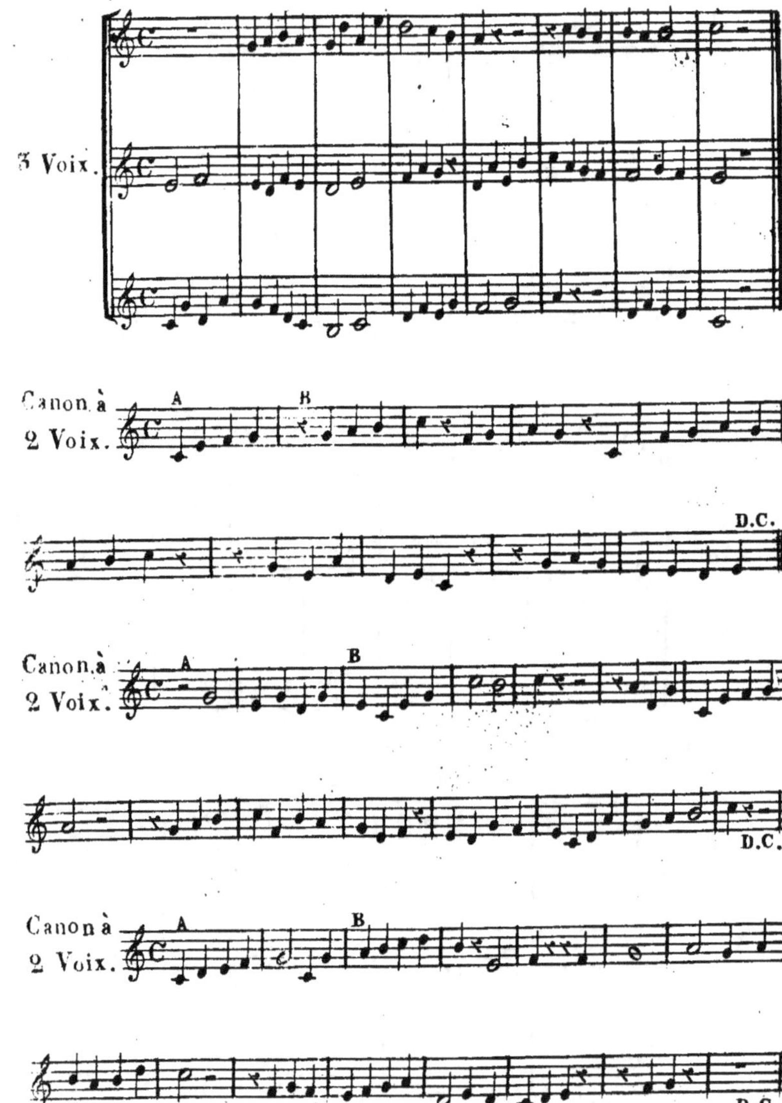
3 Voix.
Canon à
2 Voix.
A
B
D.C.
Canon à
2 Voix.
A
B
D.C.
Canon à
2 Voix.
A
B
D.C.

Intervalle de sixte.
Canon à 2 Voix. 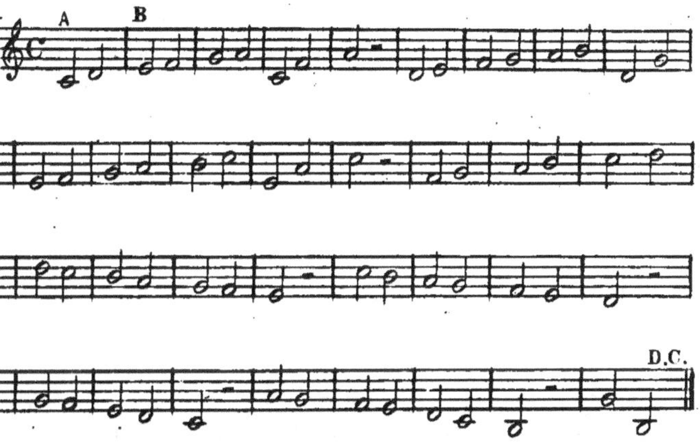
A   B
Canon à 2 Voix.
A   B 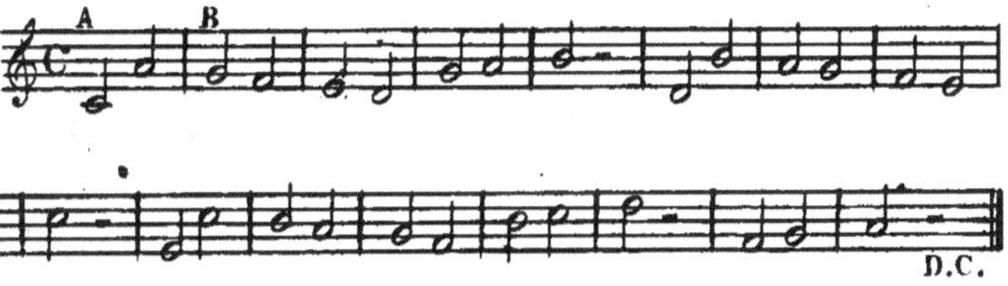
D.C.
D.C.
1 Voix. 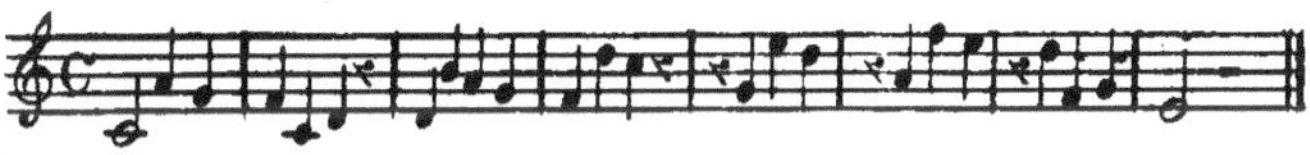
2 Voix.

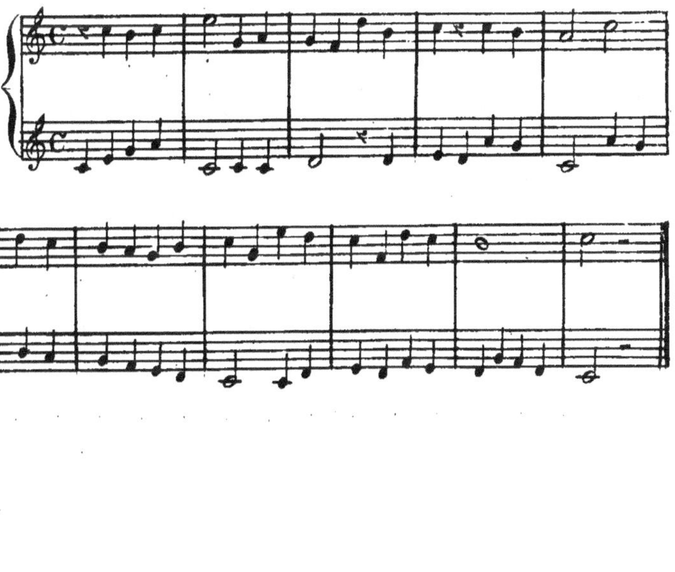

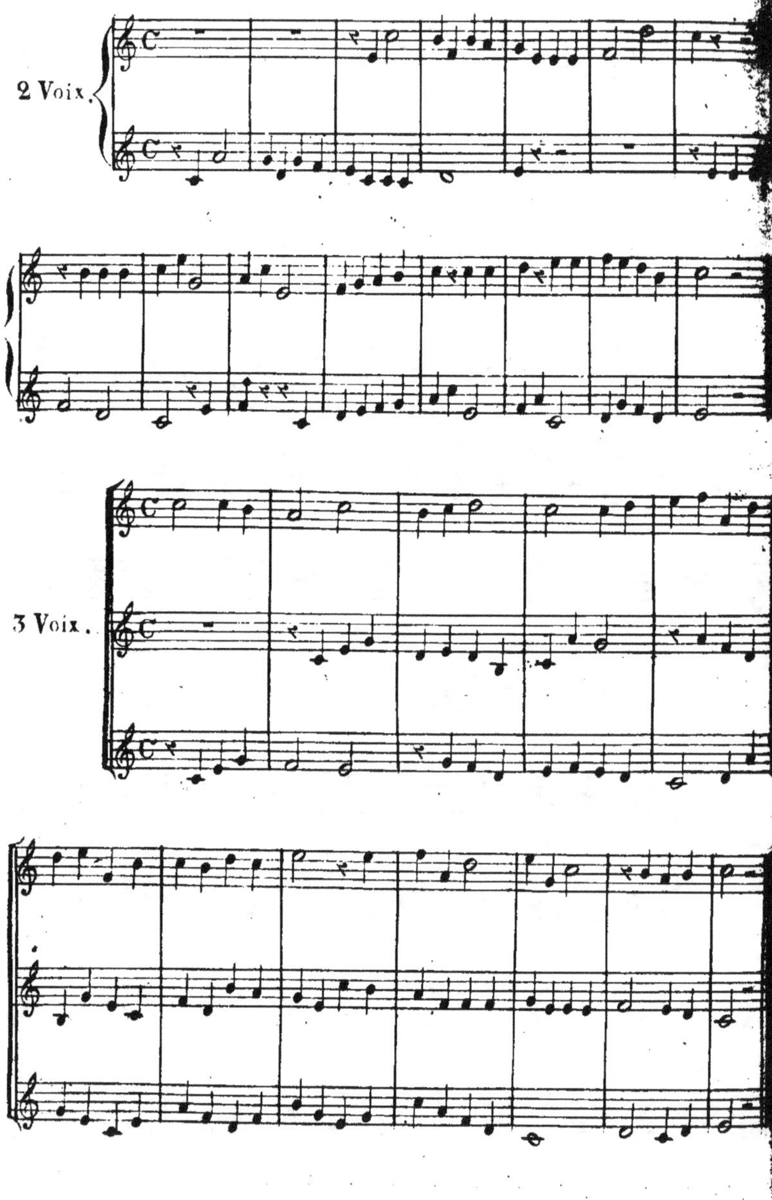
2 Voix.
3 Voix.

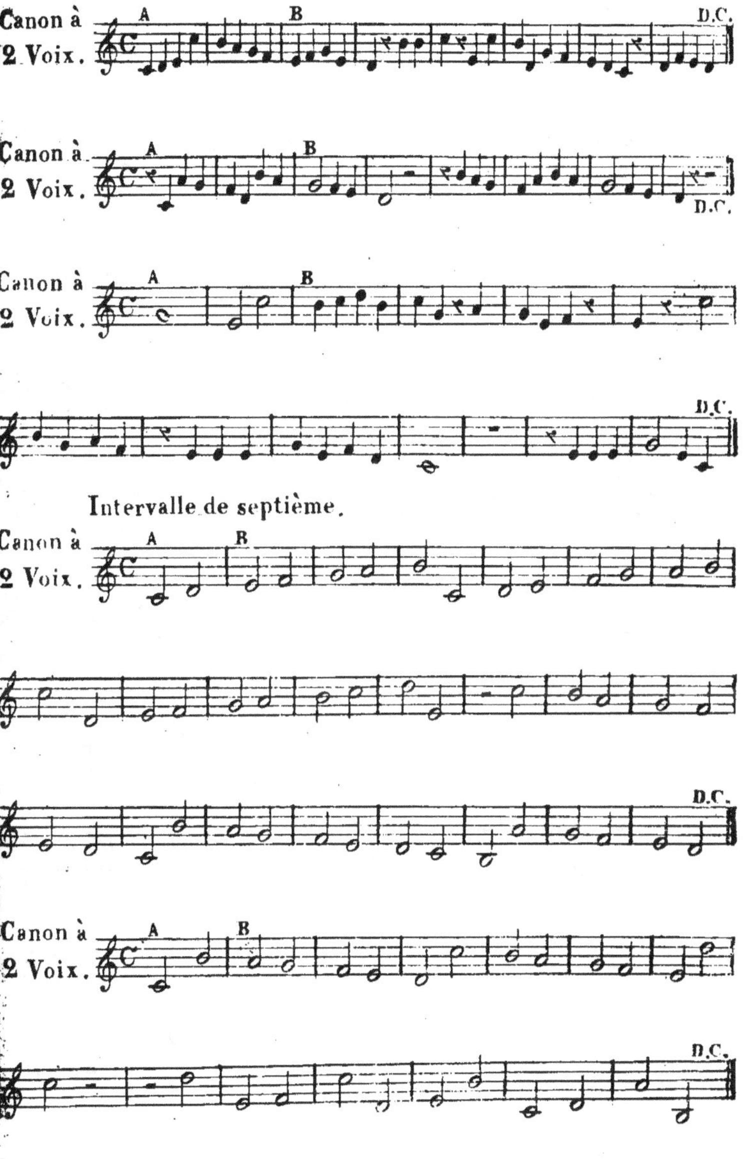
Canon à
2 Voix.
A
B
D.C.
Canon à
2 Voix.
A
B
D.C.
Canon à
2 Voix.
A
B
D.C.
Intervalle de septième.
Canon à
2 Voix.
A
B
D.C.
Canon à
2 Voix.
A
B
D.C.

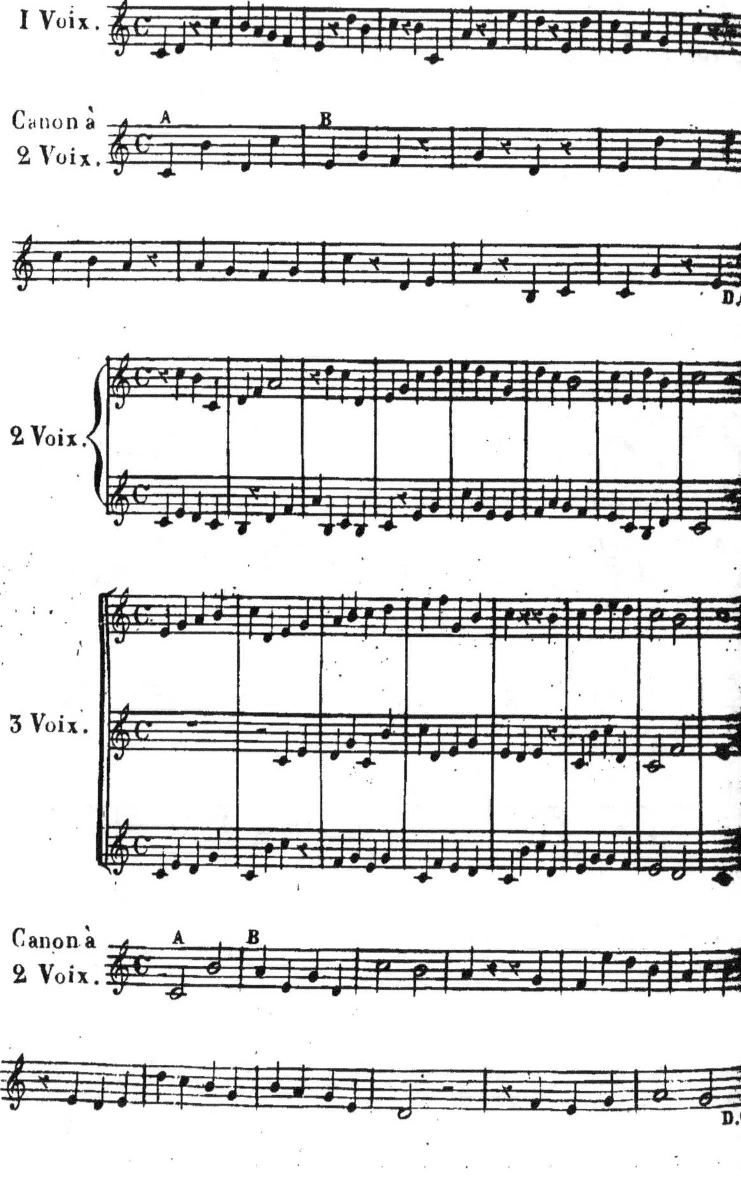
I Voix.
Canon à
2 Voix.
D.C.
2 Voix.
3 Voix.
Canon à
2 Voix.
A
B
A
B
D.C.

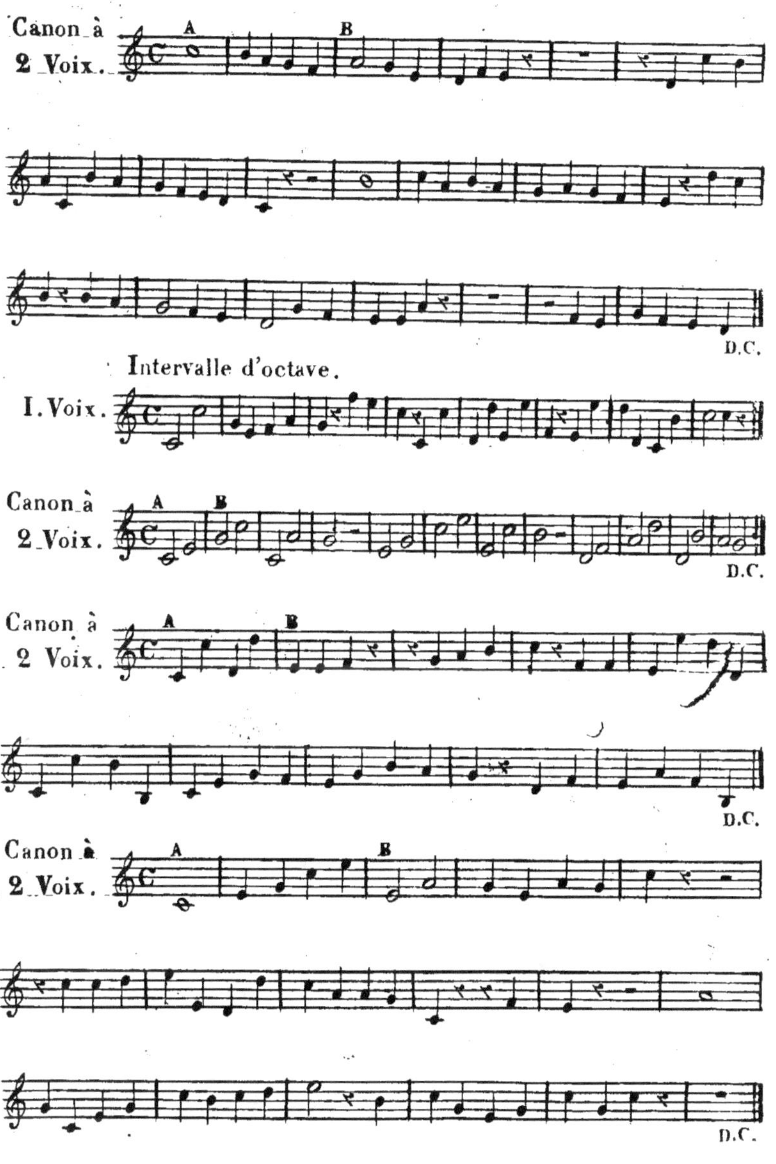

Canon à 2 Voix.
A
B
D.C.
Intervalle d'octave.
I. Voix.
Canon à 2 Voix.
A
B
D.C.
Canon à 2 Voix.
A
B
D.C.
Canon à 2 Voix.
A
B
D.C.

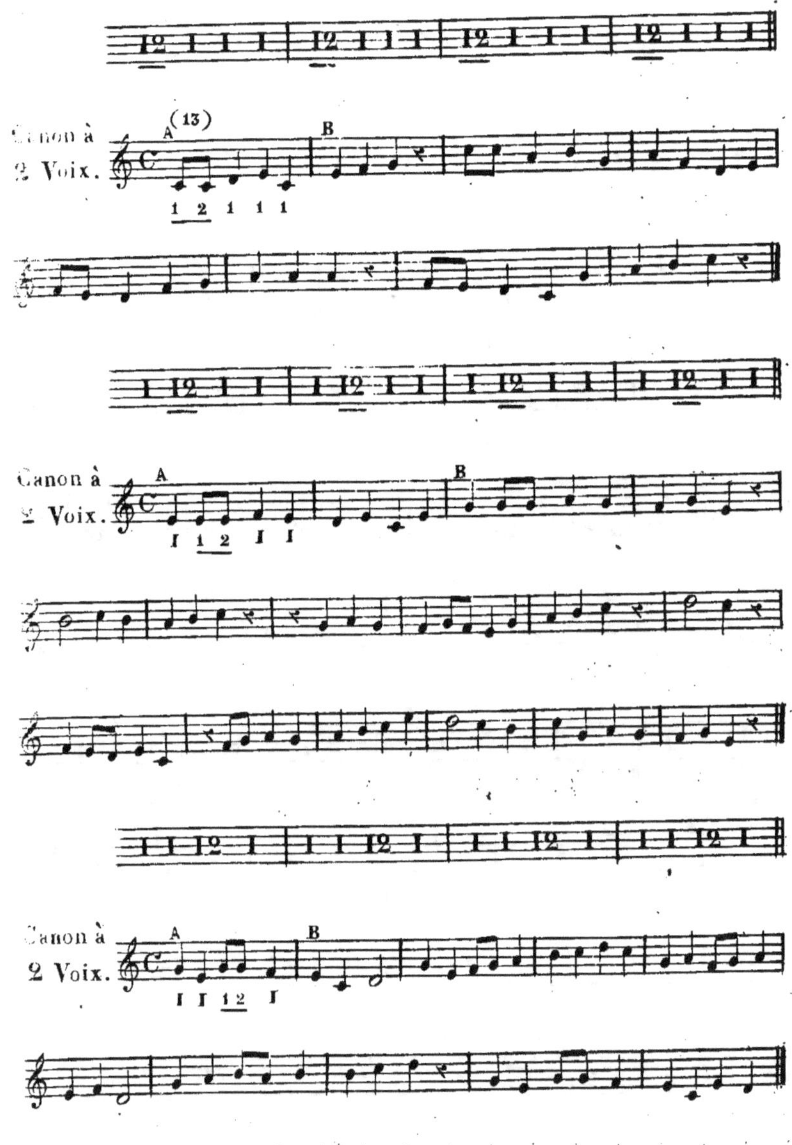
Canon à
2 Voix.
(13)
A
B
1 2 1 1 1
Canon à
2 Voix.
A
B
I 1 2 I I
Canon à
2 Voix.
A
B
I I 1 2 I

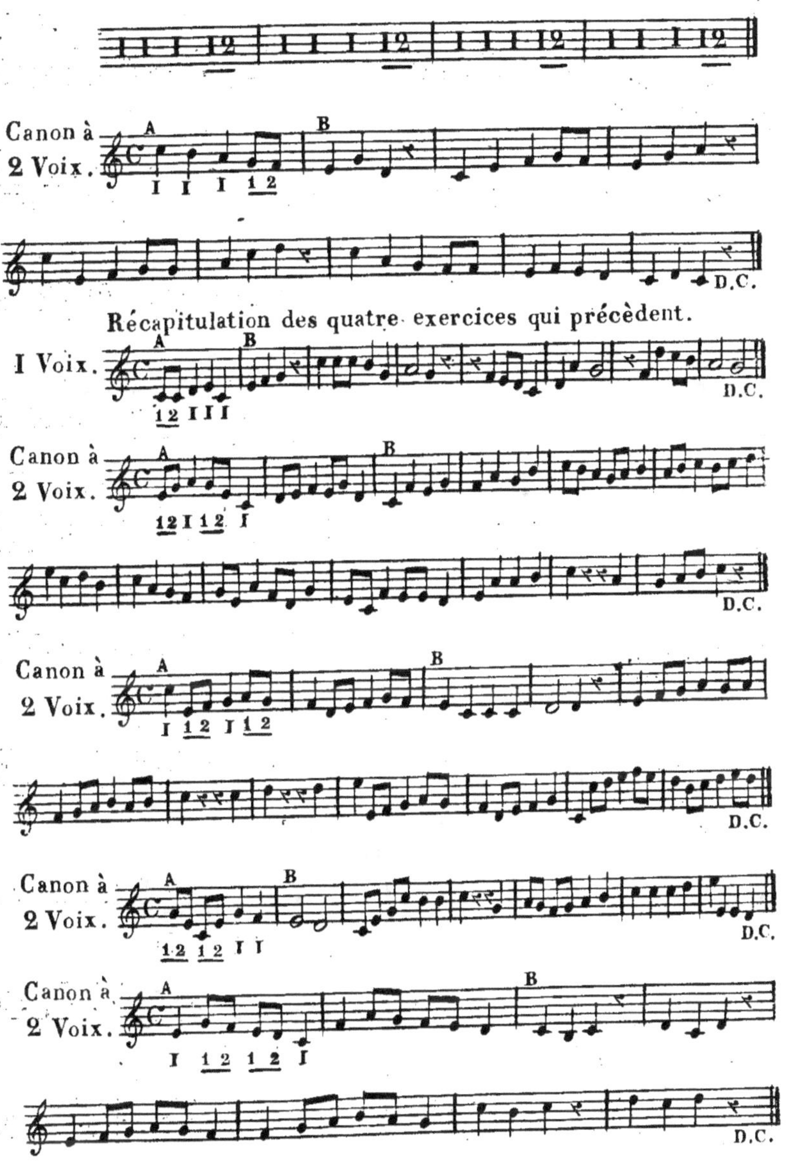

Canon à 2 Voix.
D.C.
Récapitulation des quatre exercices qui précèdent.
I Voix.
D.C.
Canon à 2 Voix.
D.C.
Canon à 2 Voix.
D.C.
Canon à 2 Voix.
D.C.
Canon à 2 Voix.
D.C.

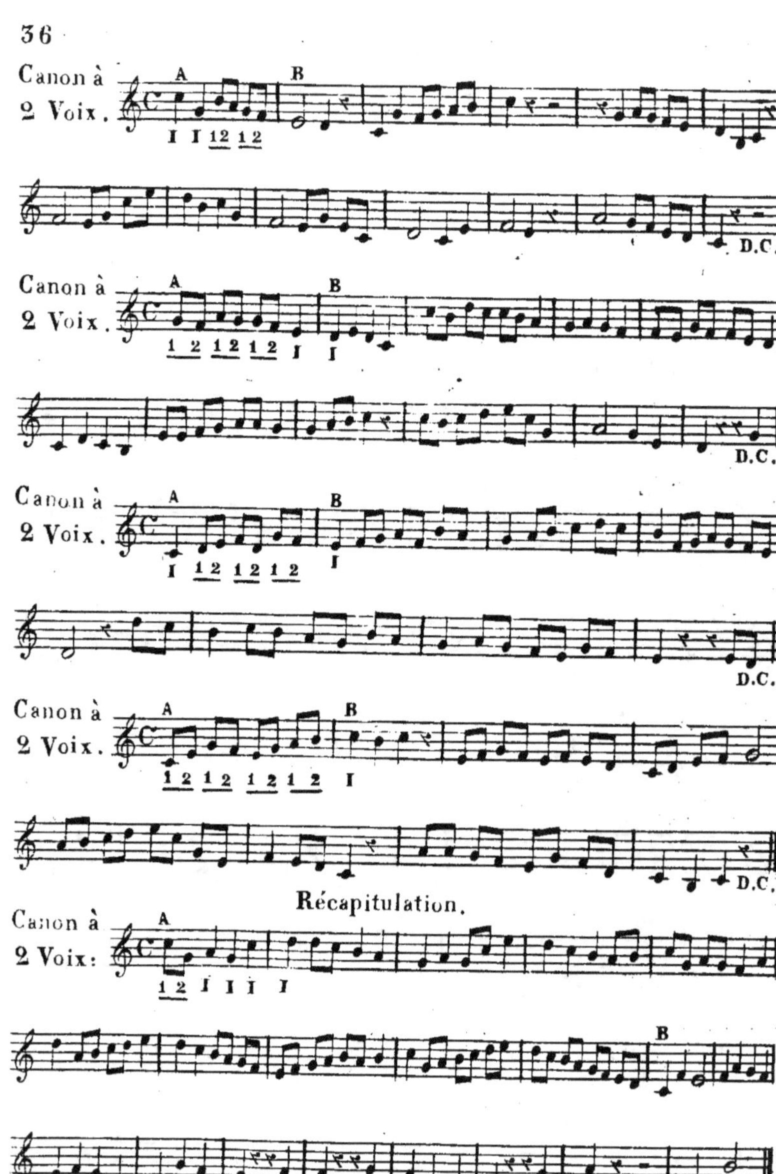
Canon à
2 Voix.
A
B
D.C.
Canon à
2 Voix.
A
B
D.C.
Canon à
2 Voix.
A
B
D.C.
Canon à
2 Voix.
A
B
D.C.
Récapitulation.
Canon à
2 Voix:
A
B
D.C.

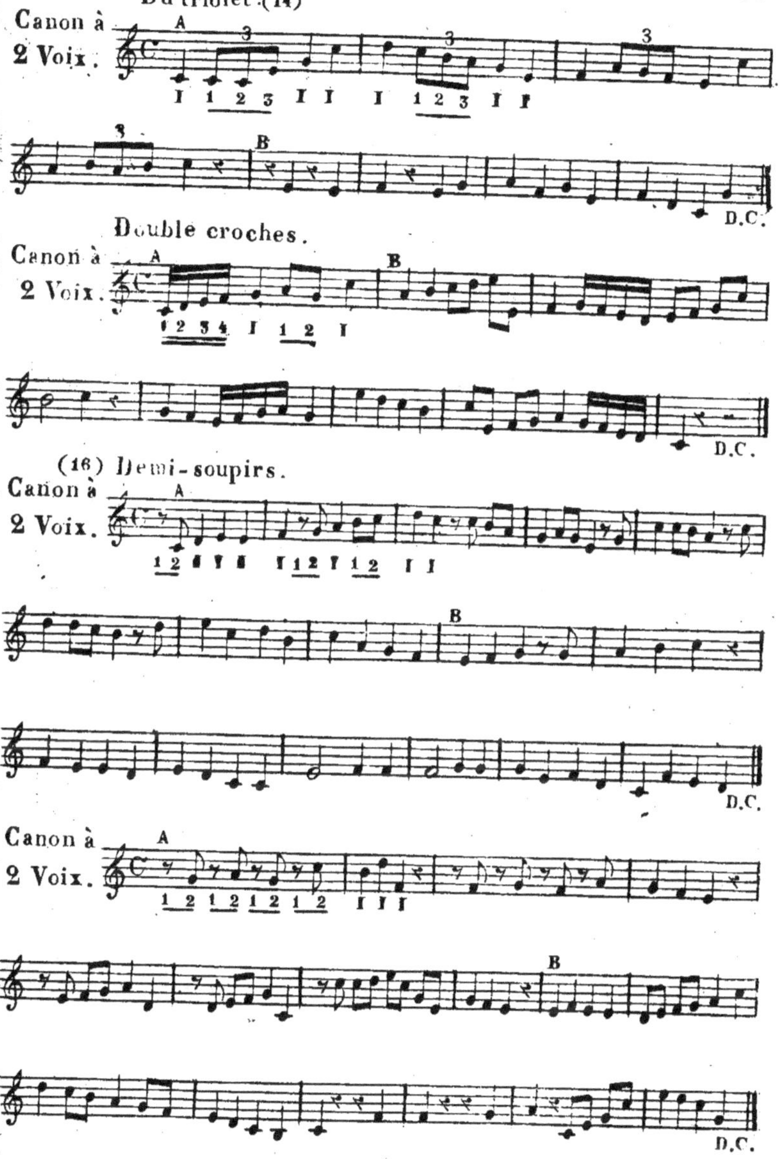

Du triolet .(14)
Canon à 2 Voix.
A
3
3
3
I I 1 2 3 I I I 1 2 3 I I
3
B
D.C.
Double croches.
Canon à 2 Voix.
A
B
1 2 3 4 I 1 2 I
D.C.
(16) Demi-soupirs.
Canon à 2 Voix.
A
1 2 I I I 1 2 I 1 2 I I
B
D.C.
Canon à 2 Voix.
A
1 2 1 2 1 2 1 2 I I I
B
D.C.

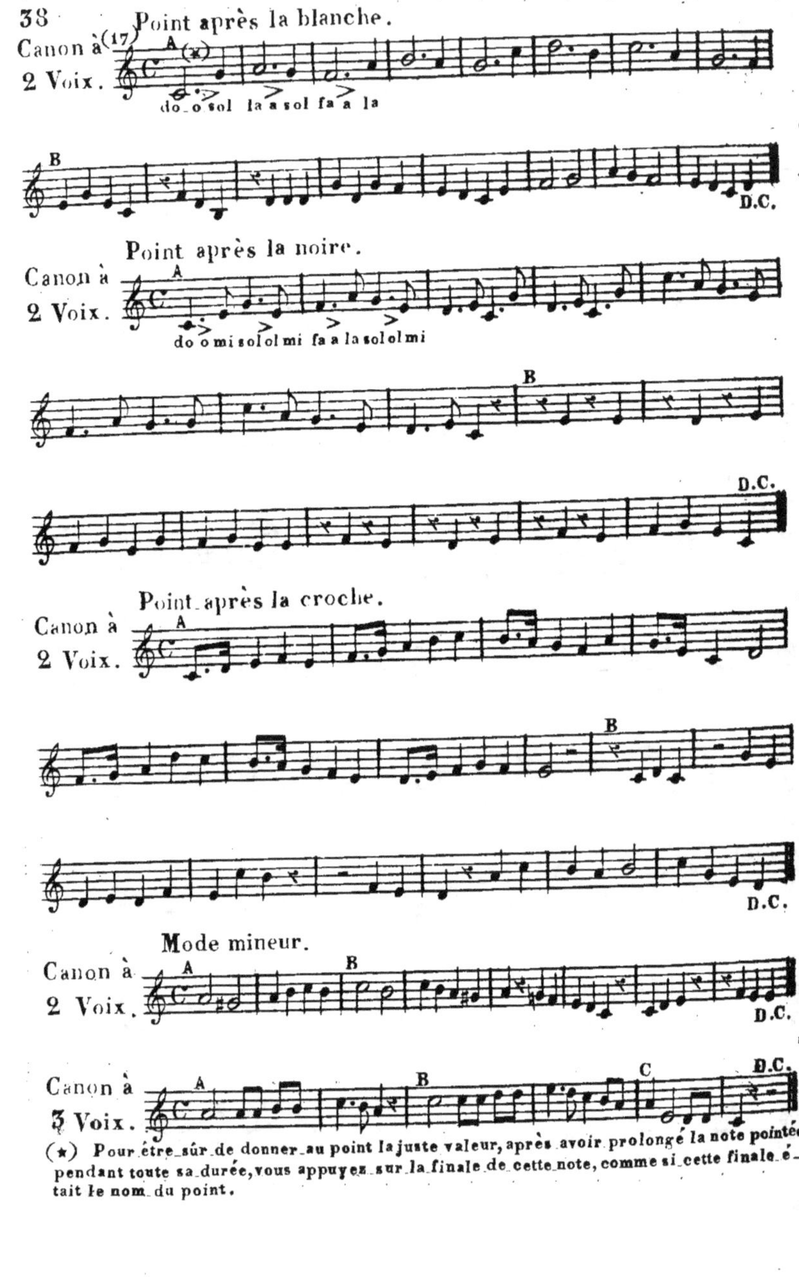

(*) Pour être sûr de donner au point la juste valeur, après avoir prolongé la note pointée pendant toute sa durée, vous appuyez sur la finale de cette note, comme si cette finale était le nom du point.

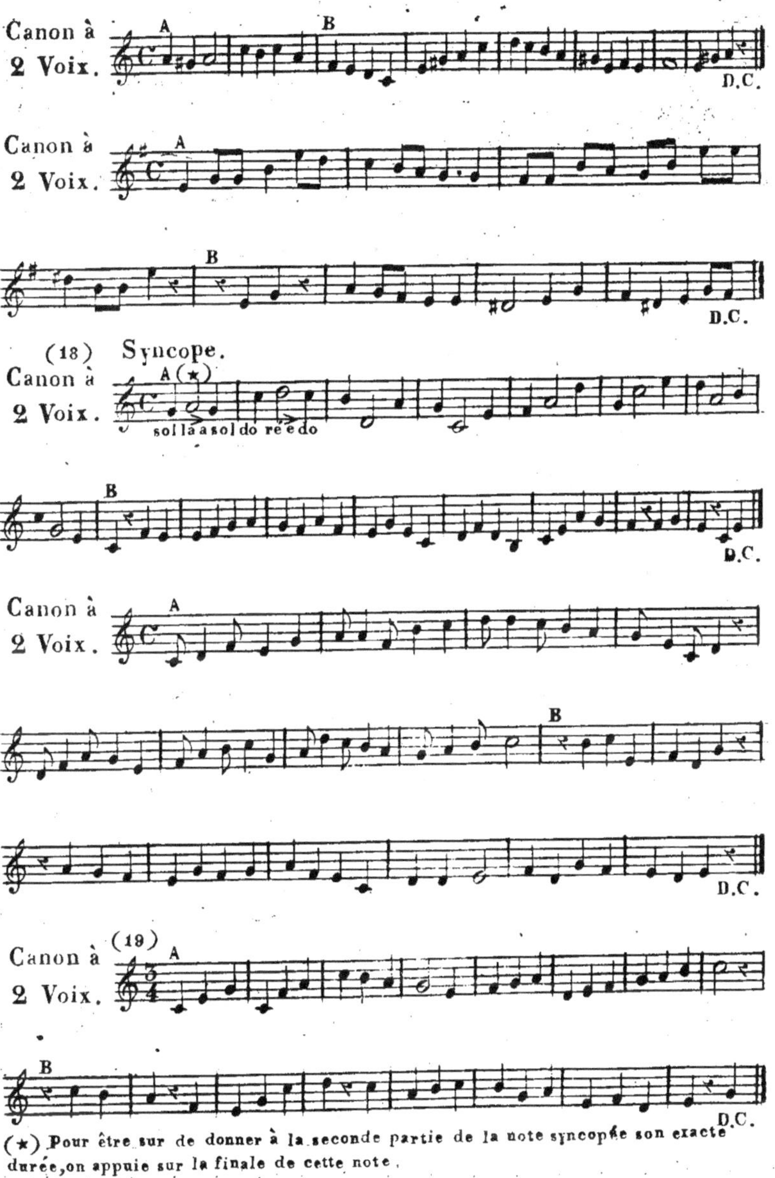

(★) Pour être sûr de donner à la seconde partie de la note syncopée son exacte durée, on appuie sur la finale de cette note.

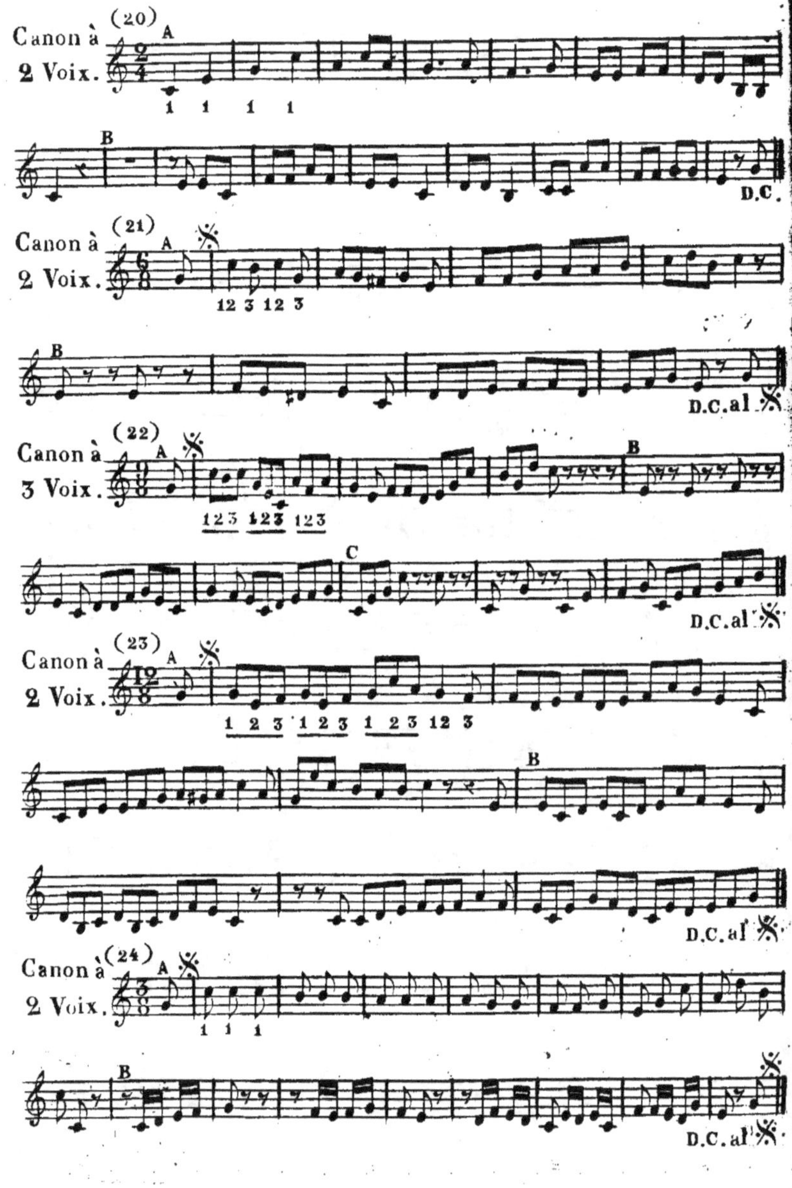

Canon à 2 Voix. (20)
A
1 1 1 1
B
D.C.
Canon à 2 Voix. (21)
A
12 3 12 3
B
D.C. al
Canon à 3 Voix. (22)
A
123 123 123
B
C
D.C. al
Canon à 2 Voix. (23)
A
1 2 3 1 2 3 1 2 3 12 3
B
D.C. al
Canon à 2 Voix. (24)
A
1 1 1
B
D.C. al

NOTES.
* * *

(1)   *P.* pour **Piano.** doux . *F.* pour **Forte. Fort** .

(2)   Decrescendo. Le decres; consiste à attaquer un son avec force, et à le diminuer insensiblement.

Crescendo. Le cres; consiste au contraire à atta - quer un son doucement et à l'augmenter insensiblement.

(3) 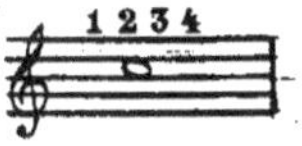   **B**attre la valeur de la Ronde en comptant tout haut 1 2 3 4, avant de s'occuper du nom et de l'intonation de la note; nommer ensuite les notes en battant aussi la mesure, puis donner l'intonation, toujours en battant la mesure.

(4)   **Point d'orgue** ou **point d'arrêt**. Le point d'orgue sert à arrêter la mesure, et à soutenir le son jusqu'au signal donné de continuer. Le point d'orgue se place aussi sur les silences pour arrêter momentanément la mesure.

(5)   **Canon.** Un même chant répété à plusieurs voix entrant l'une après l'autre. A, entrée de la première voix, qui, arrivée au B, permet l'entrée de la seconde à l'A.

(6)   **D.C.** Da capo. A la tête. Ces mots indiquent qu'il faut reprendre au commencement du morceau.

(7) 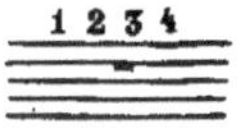   Battre la valeur de la pause en comptant tout haut 1 2 3 4.

(8) 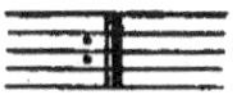   **Reprise.** Renvoi au commencement ou à ce si - gne

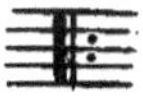

(9) 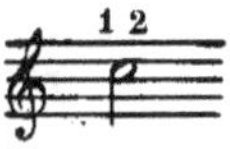   **Blanche.** Battre sa valeur en comptant tout haut 1 2.

(10) 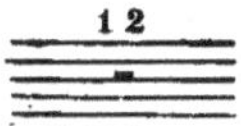   Demi-pause. Compter tout haut 1 2.

(11)   I I I I Chiffres représentant la valeur de chaque noire: Battre la valeur de chaque noire en comptant tout haut 1 1 1 1.

42

(12) Soupir. Compter tout haut 1 pour chaque sou_

pir.

(13) Pour battre la valeur de chaque croche, il
faudrait dire demi demi pour les deux croches, mais à_cause
de ce mot de deux syllabes, nous préférons dire 12 que nous u_
nissons par une barre simple, comme celle qui relie deux croches
entre elles.

(15) Doublescroches représentées par leur valeur.
Compter tout haut 1234, que nous unissons par une barre double,
comme celle qui relie les doubles croches. Ces quatre chiffres
représentent un temps.

(16) Demi-soupir. Le demi-soupir est un silence qui
a une durée égale à celle de la croche. Il faut donc, pendant la durée
du premier temps, compter 1 et nommer la note.

Ex : 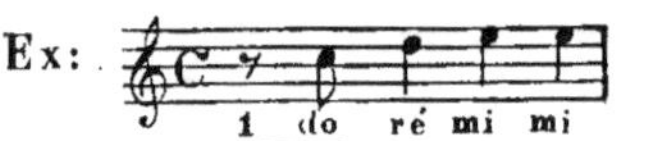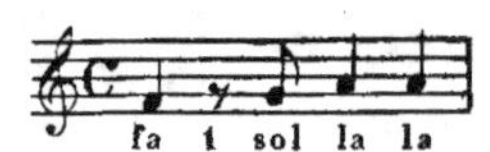

(17) Note pointée. Le point placé après la note augmen_
te cette note de la moitié de sa valeur. Le point se place aussi
après un point, il augmente alors ce premier point de la moitié de
sa valeur.

(18). Syncope. Une mesure renferme
quelquefois des notes de valeur différente, placées de manière que
le frapper du temps coupe en deux les notes ayant la durée la plus
grande. C'est ce qu'on appelle Syncope (couper.) Il en résulte le
déplacement du temps fort. (Il sera parlé plus tard du temps fort
et du temps faible.)

(14) Triolet. Groupe de trois notes ne valant

pas plus que deux de leur espèce.

(19) $\frac{3}{4}$ Mesure en trois quatre, C'est-à-dire trois quarts de la ronde dans la mesure au lieu de quatre. Cette mesure se bat en trois temps.

Ex:

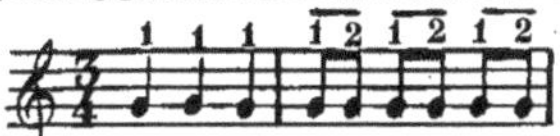

(20) $\frac{2}{4}$ Mesure en deux quatre. C'est-à-dire deux quarts de la ronde dans la mesure. Cette mesure se bat en deux temps.

Ex:

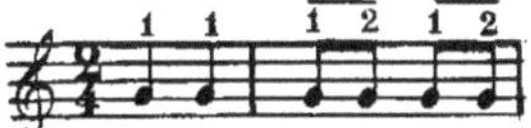

(21) $\frac{6}{8}$ Mesure en six huit. C'est-à-dire six huitièmes de la ronde ou six croches dans la mesure au lieu de huit. Cette mesure se bat en deux temps, trois croches par temps.

Ex:

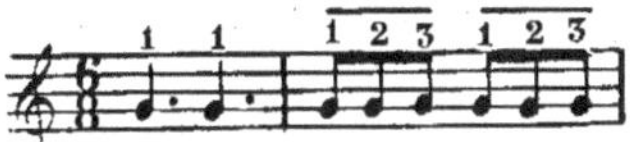

(22) $\frac{9}{8}$ Mesure en neuf huit. C'est-à-dire neuf huitièmes ou neuf croches dans la mesure au lieu de huit. Cette mesure se bat en trois temps, trois croches par temps.

Ex:

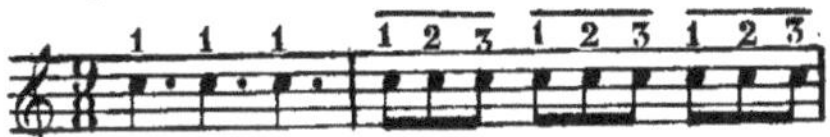

(23) $\frac{12}{8}$ Mesure en douze huit. C'est-à-dire douze huitièmes ou douze croches au lieu de huit. Cette mesure se bat en quatre temps, trois croches par temps.

Ex:

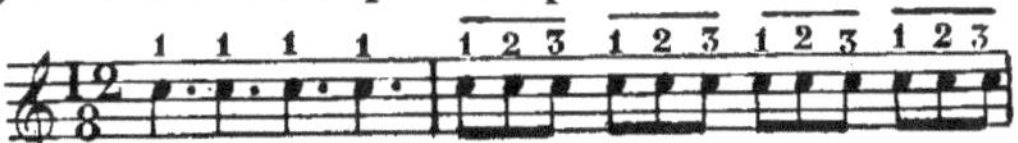

(24) $\frac{3}{8}$ Mesure en trois huit. C'est-à-dire trois huitièmes ou trois croches au lieu de huit. Cette mesure se bat en trois temps, une croche par temps.

Ex:

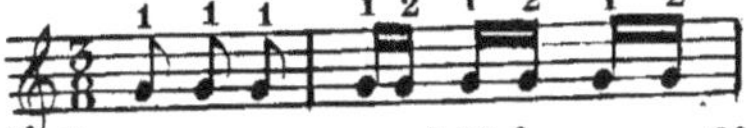

(25) $\natural$ Ce signe, nommé Bécarre, efface l'altération, et remet la note à la place naturelle.

FIN.